華南と華中の万人坑

中国人強制連行・強制労働を知る旅

青木 茂
AOKI Sigeru

花伝社

まえがき

中国本土における中国人強制連行・強制労働

主に一五年戦争期の日本による中国侵略で犠牲になった中国人の遺体がまとめて埋められた（捨てられた）「人捨て場」が、中国各地のいたる所に二一世紀の今も数えきれないほど現存している。その「人捨て場」を中国の人々は万人坑（まんにんこう）と呼んでいるが、埋められた犠牲者の数が実際に万人の単位（五桁！）になる巨大な万人坑も数多く残されている。

これらの万人坑に埋められた膨大な数になる犠牲者の多くは、炭鉱や鉄鉱などの鉱山や軍事要塞や巨大ダムなどの土建工事現場などで強制労働させられ、主に過労と飢えにより衰弱死（過労死）させられた中国人であり、主要な「犯人」（加害者）は日本の民間営利企業だ。

このように、中国本土（大陸）では、中国人強制連行・強制労働が原因となり膨大な数の犠牲者が生まれ、万人坑と呼ばれる「人捨て場」に埋められて（捨てられて）いるが、日本で話題にされる中国人強制連行・強制労働のほとんどは、日本国内に連行されてきて花岡鉱山鹿島事業所などで強制労働させられた約四万人の被害者に関することであり、中国本土（大陸）における強制連行・強制労働が日本で話題にされることはほとんどない。

その中国本土における強制労働の被害者数は、傀儡国家「満州国」をでっちあげ日本が占領支配した東北で一六四〇万人、(注01)(注02)「満州国」の南側に位置し、アジア太平洋戦争の「戦力の培養補給」の基地(注03)だと日本が位置付けた華北では二〇〇〇万人(注04)にもなる。また、東北（「満州国」）(注05)(注06)では、強制労働被害者の八割とか九割が死亡する現場（事業所）が数多く存在していたことも確認されている。

中国本土におけるこの被害者数は、日本国内に連行されてきた四万人(注07)(注08)と比べれば正に桁違い（三桁違い！）の膨大な数だが、この重大な史実が日本でほとんど認識されていないのは許されないことであるし、中国人にとっても断じて容認できないことであろう。

「万人坑を知る旅」訪中団

このような歴史認識を踏まえた上で、中国各地に現存する万人坑を訪ね、強制連行・強制労働を中心に日本の侵略加害の実態を確認するため、関西地方のとある旅行会社に勤める野津加代子さんは「万人坑を知る旅」訪中団を組織し、二〇〇九年から二〇一三年まで毎年中国を訪ね、東北（かつての「満州国」）と華北の各地に現存する万人坑と強制労働現場を確認してきた。

「万人坑を知る旅」訪中団がこれまでに訪ねたのは、二〇〇九年の第一回が東北の南部に位置する遼寧省、二〇一〇年の第二回は東北の中部に位置する吉林省、二〇一一年の第三回は東北の北部に位置する黒龍江省、二〇一二年の第四回は東北の西部に位置する内蒙古自治区と黒龍江省のロシア（ソ連）国境地帯、二〇一三年の第五回は華北の北部に位置する山西省と河北省と天津市だ。（第一回から第五回までの「万人坑を知る旅」については拙著三冊に紹介しているので参照してほしい。）(注09)(注10)(注11)

こうして、中国の北側から順に、東北と華北の万人坑と強制労働現場を確認してきた野津加代子さんと「万人坑を知る旅」訪中団が、中国の中央に位置する華中と南側になる華南の実情を確認したいと思うのは自然の成り行きだ。

そして、二〇一四年に予定する六回目の「万人坑を知る旅」訪中団の訪問先を検討する中で、中国南部に位置する華南を選定し、その華南の中でも最南端に位置する海南島を訪ねることになり、第六回「万人坑を知る旅」が実施された。さらに二〇一六年には、七回目の訪問先として中国の中央部に位置する華中を選定し、華中を西から東に横断して流れる長江の流域を訪ねる第七回「万人坑を知る旅」が実施された。「万人坑を知る旅」に関わる四冊目の書籍となる本書では、第六回と第七回の「万人坑を知る旅」について報告する。読者の皆さん！　本書を通して、華南の海南島と華中の長江流域に現存する万人坑と強制労働現場を訪ねる旅を私たちの訪中団といっしょに体験しましょう。

まえがき　注記

（注01）高嵩峰・李秉剛編著『走过地狱——日本侵华期间幸存劳工的回忆』東北大学出版社（中国—瀋陽）、二〇一三年、二三六頁

（注02）高嵩峰・李秉剛編著『私は地獄へ行ってきた——中国東北部、旧日本軍占領地区の生存労工の記憶』遼寧大

学出版社（中国―瀋陽）、二〇〇九年、二六九頁
（注03）笠原十九司著『日本軍の治安戦――日中戦争の実相』岩波書店、二〇一〇年、一三一頁
（注04）中央档案館・中国第二歴史档案館・河北省社会科学院編『日本侵略華北罪行档案2戦犯供述』河北人民出版社（中国―石家庄）、二〇〇五年
（注05）（注01）二三五頁
（注06）（注02）二六七頁
（注07）西成田豊著『中国人強制連行』東京大学出版会、二〇〇二年、八八頁
（注08）杉原達著『中国人強制連行』岩波書店、二〇〇二年、二頁
（注09）青木茂著『万人坑を訪ねる――満州国の万人坑と中国人強制連行』緑風出版、二〇一三年
（注10）青木茂著『日本の中国侵略の現場を歩く――撫順・南京・ソ満国境の旅』花伝社、二〇一五年
（注11）青木茂著『華北の万人坑と中国人強制連行――日本の侵略加害の現場を訪ねる』花伝社、二〇一七年

華南と華中の万人坑——中国人強制連行・強制労働を知る旅◆目次

まえがき　1

第一部　海南島の万人坑を訪ねる　11

第一章　海南島　13

第二章　八所港万人坑　24

第三章　石碌《せきろく》鉄鉱万人坑　42

第一部　海南島の万人坑を訪ねる

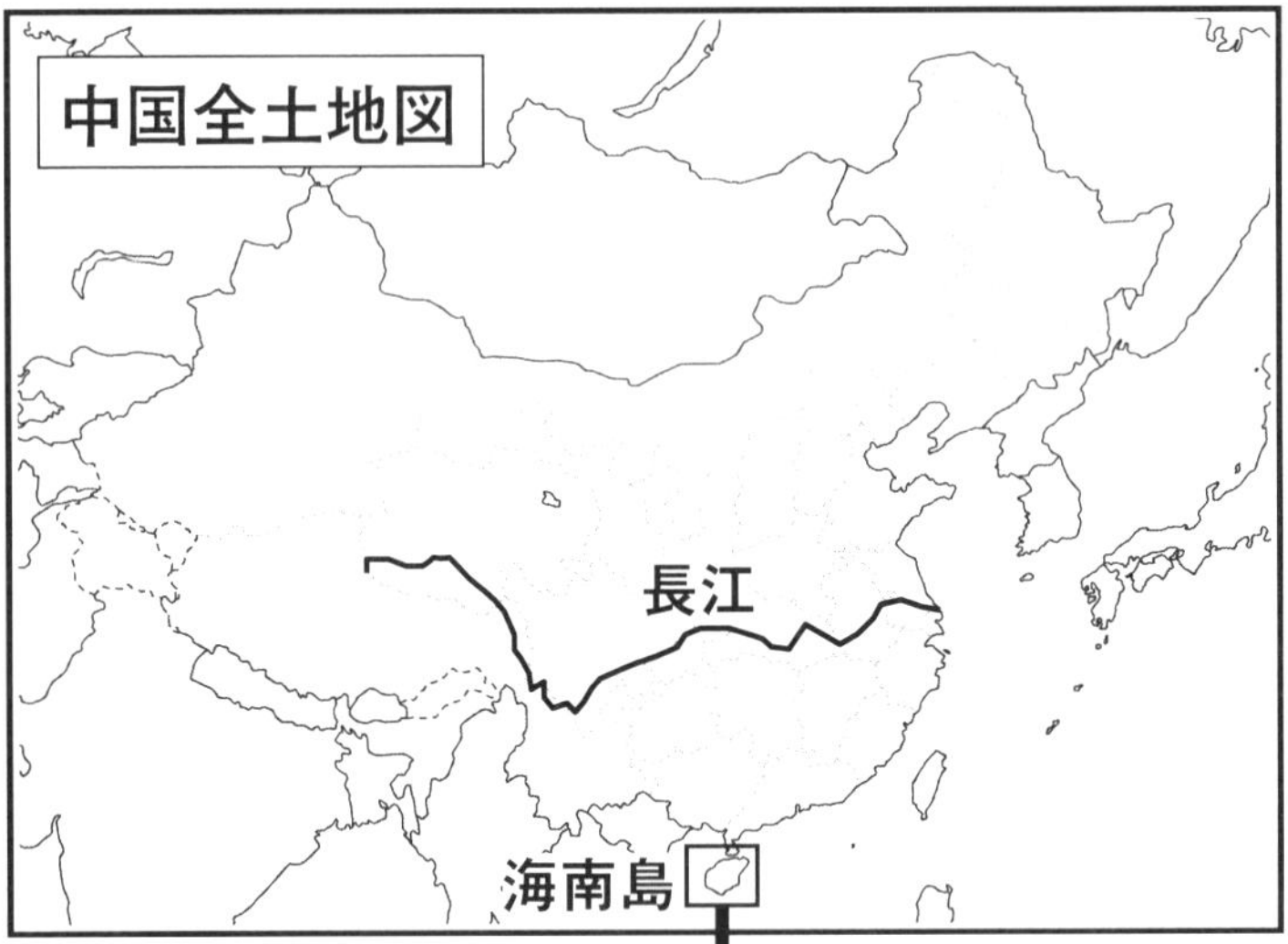

中国全土地図
長江
海南島

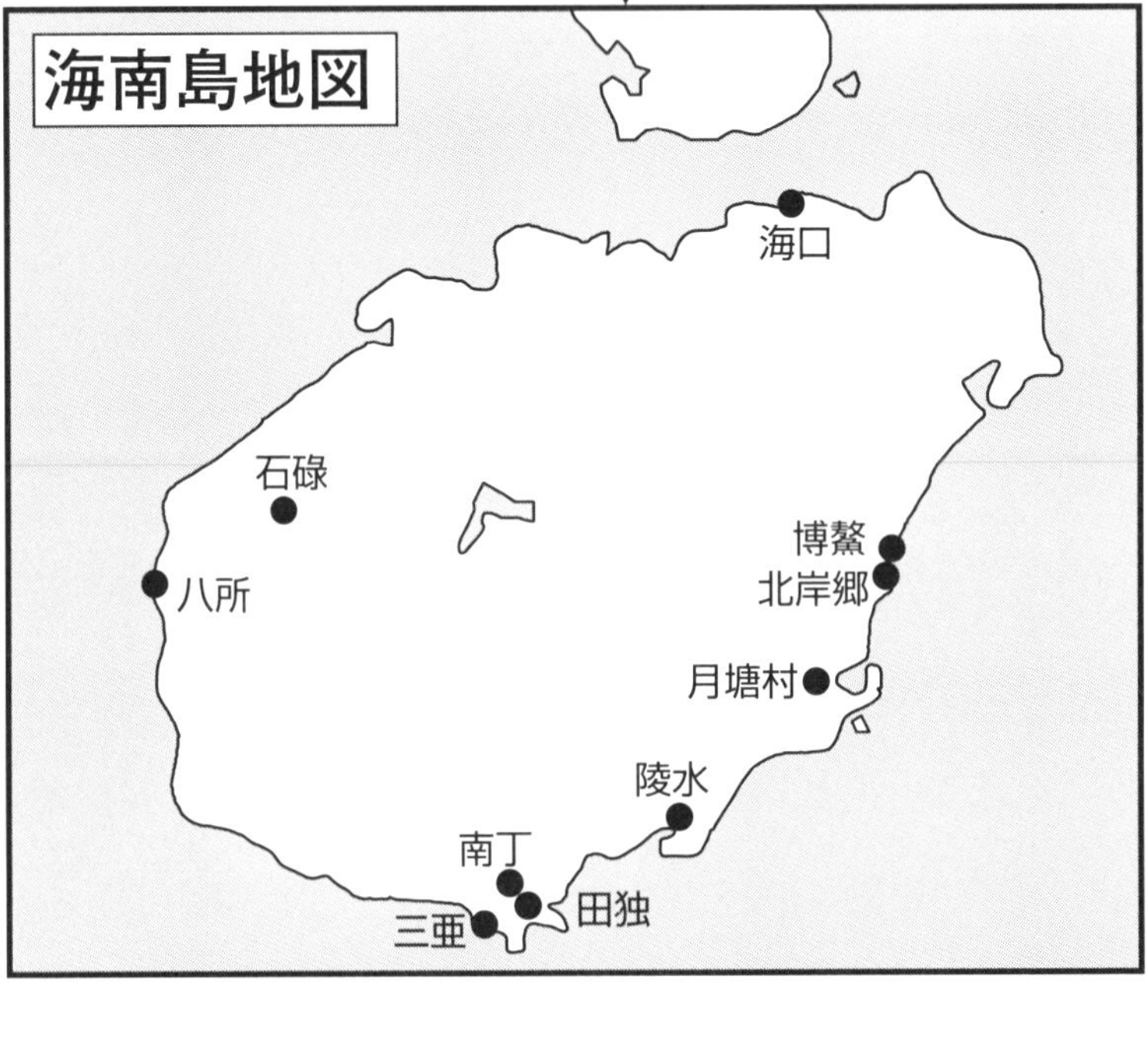

海南島地図
海口
石碌
八所
博鰲
北岸郷
月塘村
陵水
南丁
田独
三亜

第一章　海南島

中国本土（大陸）の最南端に位置する現在の広東省の更に南方の洋上に浮かぶ（位置する）海南島は、面積三・四万平方キロのほぼ円形の島であり、面積三・六万平方キロの台湾に広さではほぼ匹敵する。

その海南島の、今から約八〇年前になる一九三九年初頭の人口は二五〇万人ほどで、その大半を漢族と黎《リ》族が占めていた。しかし、一九八八年に広東省から独立して海南省となり同時に経済特区になると漢族の人口が急増し、現在の人口は八七〇万人くらいになる。そのうち八〇パーセント以上を、この二十数年の間に人口が急増した漢族が占める。漢族以外には、黎《リ》族一二〇万人、苗《ミャオ》族七万人、回《フイ》族一万人、その他を合わせて三六民族・一五〇万人の少数民族が暮らしている。

経済発展と人口増加が続く近年の海南島だが、その発展を象徴するように、島の北端に位置する省都・海口市と南端に位置する三亜市を結ぶ、島の西側の海岸線沿いに延びる鉄道（西環鉄道、約三五〇キロ）が二〇〇七年に完成し、海岸線に沿う自動車道路とほぼ並行して走っている。さらに、島の東側の海岸線沿いに延びる高速鉄道（東環鉄道、約三〇〇キロ）も二〇一〇年末に完成し、最速の列車は一時間三〇分で海口市と三亜市を結んでいる。

緑の樹林に一年中覆われ亜熱帯気候の暖かい冬を過ごせる海南島は今では有名な観光地（避寒地）になっていて、一一月から三月ころにかけて多くの人がやってくる。その中には、長期間滞在する人も多い。また、海南島には四〇〇〇種の植物が生育していて、果物栽培などの農業が発展している。島内で生産される果物の九〇パーセントは大陸に出荷される。

日本による海南島侵略の狙い

さて、日中戦争が中国の東北から中国全土に拡大し、しだいに泥沼化していく今から八〇年ほど前の海南島は、軍事戦略・軍事作戦の観点からはどのように位置づけられていたのだろうか。この点について笠原十九司氏は『日中戦争全史』(注01)で次のように説明している。

「(現在の中国広東省の南方の洋上に浮かぶ) 海南島の東方は南シナ海、西方はトンキン湾を隔ててわずか三〇〇キロにベトナムがある。(日中全面戦争開戦当時、日本の) 海軍が海南島に航空基地・海軍基地を開けば、当時フランスの植民地であった仏領インドシナ (ベトナム) を攻略、征圧するのに恰好の戦略的位置にあった」(注02)。

さらに「海軍は、英・仏・米などの蒋介石・重慶政府援助、いわゆる援蒋ルートである仏印ルート（ハノイ・ルート）およびビルマ・ルート遮断の航空攻撃をおこなうために、航空作戦基地の建設が必要である」と主張し、「三九年一月一三日の大本営御前会議で海南島攻略が決定され、一九日『大本営は南支那に対する航空作戦及び封鎖作戦の基地設定の為海南島要部の攻略を企図す』と下命された。

海南島侵攻作戦は三九年二月一〇日から開始されたが、中国軍はすでに内陸へ撤退していたので抵抗をうけることなく上陸は成功し、予定よりはやく二月一三日に作戦は終了した。

海軍は攻略と同時に海南島の三亜に第四根拠地隊を設立し、封鎖作戦の軍港基地ならびに航空基地の設営を開始した」(注03)。

一方で日本は海南島を、「占領の当初から、軍事作戦の拠点としてだけではなく、資源を収奪し食料や原材料を恒久的に確保する南洋の拠点として位置づけ、不足する軍需物資・食料・鉱物資源の開発を目的として『産業開発』・『都市開発』に関する要綱を作成し、日本の民間企業と結託してその準備を進めていた」(要旨)と斉藤日出治氏は指摘し、『日本の海南島侵略(1939―45年)軍事占領から空間の総体的領有へ』(注04)で、日本による経済侵略について詳しく説明している。長文になるが、斉藤氏の標記論文から関連部分を引用しておく。

「……敗戦後の1949年に刊行された『日本人の海外活動に関する歴史的調査』の海南島編(第19巻)では、海南島占領の目的がつぎの二つであったことが挙げられている。

ひとつは、『南支海域の封鎖』である。つまり中国軍によって『重慶への軍事物資の補給の中継地として海南島が使われているのを阻止するために占領を実行し、南支海域を封鎖することがそのねらいであった』(同書、85頁)

だがさらに日本軍にとっての積極的な占領目的は、『不足する軍事物資の補給地』の確保であった。日本は国際的な立場の悪化にともなって、『輸入商品(綿花、ゴム、砂糖、鉄、銅、石油、ガソリンなど)の輸入が困難となるため、経済ブロック(朝鮮、満州、北支など)による確保』が図られた。『海南島は亜熱帯地方であることと、鉱物資源が豊富なこととにより、産業開発が第二の占領目的であった』。そのために『住民の協力』を必要とし、『住民の保護と指導を推進』（85頁）する必要があった。

この後者の目的には、たんに資源の獲得という直接経済的な次元を越えて、海南島の経済と社会を総体として日本の領土としてわがものとするための開発政策という意図がこめられている。たとえば、占領時に日本は、大学の研究者が政府の依頼を受けて海南島の実地調査をおこない、産業開発の将来について詳細な報告書を作成している。

その一例が１９４０年6月に外務省通商局から発刊された『海南島農業調査報告』である。著者の東京帝国大学教授の野口弥吉と助教授の藤原彰夫が、１９３９年2月に日本軍が海南島に上陸し軍事占領したそのわずか2カ月後の4月下旬から40日間にわたって、外務省の委嘱により島に滞在して、農業調査に従事している。……その意図はあきらかである。日本は海南島を日本の農業生産と食糧確保の重要拠点にしたいと考えていた。……

そして報告書の最後で、著者たちはつぎのように結んでいる。『海南島は只あるがままでは南海の宝庫でもなく、また反対に、とるに足らぬ痩廃した孤島でももちろんあり得ない。これからの問題は海南島を経済化してゆくことであり……要はその経済化＝開発の施策いかんにかかるところである』（１０５頁）、と。そして、そのための施策として、農業生産力の向上、華僑対策（華僑の送金を本島開発のための民族資本として利用する）、資本投下と開拓民の移民を挙げている。とりわけ、最後の施策は、日本が農業開発を目的とした移民を送りこんで長期的な農業開発をめざしていたことを物語っている。『海南島の経済化』、それは海南島の自然と社会の生産力を日本の経済的再生産構造の中に位置づける構造編成の過程を意味していた」[注05]。

要は、「アジア太平洋戦争時における日本軍の海南島侵攻がたんなる軍事作戦の遂行ではなく、きわめて綿密な『開発計画』をともなったものであり、その当初から海南島を日本の経済的再生産構造のなかに組み込もうとする意図がこめられていた」(注06)。

海南島占領地における日系企業の活動

「海南島は、中国占領地全体に占めるウエイトはさほど高くはないが、海軍のほぼ独占の占領体制の中で個別産業政策が採用され、多数の受命事業者を動員し日本敗戦まで独自の展開がみられており注目されよう。占領地における経済活動は軍事組織による直営も成り立ちうるが、現実には、日本の既存企業による受命事業としての参入によりほとんどの部分が担われた。しかも、1941年12月開戦前の資源確保を模索する状況で多数の事業者が参入した」(注―読点の一部を変更した)。

『海南島占領地における日系企業の活動』(注07)の「はじめに」で柴田善雅氏はこのように指摘し、日本の民間企業の海南島進出について同論文で詳細にまとめている。そこで、こちらも長文になるが、その一部を引用しておく。

「1939年2月14日に日本海軍が海南島を占領すると軍政機構が確立し、海南海軍特務部とその傘下の三省連絡委員会が設置されるまで海軍省が東京で海南島事業への派遣を指示し、それを受けて当初の参入企業が受命を受けた。海南海軍特務部とその傘下機構の海南三省連絡委員会が設置されると、海南島軍政下で参入企業は、そのいずれかからの受命を受けて参入する事例が主要なものとなる。……
日本軍政は海南島占領に当って、鉄山開発、地場農林水産業開発、物流インフラ整備と貿易流通の維持拡張に重点を置いたため、参入企業の件数と規模や投資額はこの3業種に傾注している。……

1939年の受命企業の概要

1939年では、大手を中心に幅広い受命企業の参入が確認できる。大規模鉱山開発、インフラの整備、流通網整備及び栽培業のため、当初から規模の大きな事業者が送り込まれた。

海南島占領直後の1939年2月10日《ママ》に海軍省から受命したのは、マラヤで大規模鉄山開発にかかわっていた石原産業海運株式会社である。同社は後述のように、田独鉄山の鉄鉱石の採掘に着手した。同社（は）、鉄鉱石採掘から日本への輸出まで一括受命したはずである。海南島の有力鉄山開発のため早期に受命を受けており、南方における利権に関心を寄せていた海軍との既存の関係も寄与したはずである。同社は、1943年6月1日に海運部門を譲渡し、石原産業株式会社に商号変更した。……

日本窒素肥料株式会社は、朝鮮における電力投資で実績を上げていたため、海南島占領直後の2月末に海軍から電力設備の構築のため招聘され、副社長久保田豊を中心に資材・労力を集め人材を派遣して、ディーゼル発電機による発電事業の復旧を行なった。その結果、10月20日に海口市街の電力供給が復活した。同社はさらに、三亜・楡林の電力の復旧を行なった。そのほか、海口の水道事業にも業務を拡張した。

その実績の延長上に日本窒素肥料の派遣従業員は、海軍に密着しながら地質調査・電源調査を行なううちに1940年4月に既存の石碌《せきろく》鉄山の中で有力鉱脈を発見し、同社はそのまま後述のように鉄山開発に受命事業を広げ全力を注ぐことになる。

インフラ建設関係では株式会社西松組が参入した。同社は、主に日本窒素肥料の関連土木事業に傾注し、その関連で、三亜・北黎間の鉄道建設、石碌鉄山開発とその鉱石搬出にかかわる八所港までの鉄道建設や港湾建設に従事した。西松組は、海南島開発のため最大の土木インフラ構築部門を担当したといえよう。

同様に株式会社清水組も、1942年3月に海南島に出張所を設置して参入した。清水組は、田独鉱山開発の鉄道開発にかかわったが、その事業規模は西松組より小さいようである。……

田独・石碌の鉄山開発のほか、三菱鉱業株式会社が、希少金属のタングステン採掘のため1939年7月1日に受命したが、同社の駐在員の派遣は1940年6月である。同社は、広東省南朋島と海南島牛角島におけるタングステンの採掘を行なった。1942年から1943年にかけての操業状態によると、発電機や採掘機械のメンテナンスで苦慮しながら採掘し、1943年4月までにタングステン精鉱25トンの積出しを実現した。……

1940年の受命企業の概要

1940年も多数の受命事業者が参入した。特に農林系栽培業の参入件数が多く、しかも、規模の大きい事業者が続いた。……

1941年の受命企業の概要

大手の参入はほぼ1940年までに終っており、1941年には、相対的に規模の小さな事業者の参入が続いた。これは、既存事業の海南島専業法人への切り離しが多い。

1941年夏には、海南島受命事業参入事業者の意見調整を図るため海南島開発協議会が開催された。同年7月には、日本の南部仏印進軍に伴うアメリカ・イギリスほかの対日資産凍結という日本を巡る国際情勢が一挙に悪化した局面にあった。この時期に在八幡海軍主席監督官主催で、海軍関係者、商工省等官庁、参入会社ほか開発団体が参加した。この集まりは半年に1回開催されていたようである。海南島の鉄鉱石採掘がもっとも重視されていたため、鉄鉱石の最大需要者日本製鉄株式会社の拠点事業所の八幡で開催された。この協議会で、主要な参入事業者の調整が行なわれた。……

1942年の受命企業の概要

1941年12月の開戦後、日本軍の南方各地の軍事占領が拡大する中で海南島の位置づけは低下せざるを得ない。それまで重視されていた海南島におけるゴム栽培は、マラヤ・スマトラを占領することで逆に不要な事業となった。そのため、海南島における産業政策は大きく舵を切らざるを得ない。また、南方占領地に投入する受命事業者の選定が優先されるため、海南島への事業者の割当は抑制される。また、主たる鉱業・栽培業ほかの事業については日中戦争期にほぼ参入済みとなっていたため参入件数は減少する。それでも、かなりの企業が受命を受けて参入する。あるいは、既存事業者の事業を海南島事業の専業法人設置で肩代わりさせつつ受命企業体制の効率化が図られる。……

日本窒素肥料の直営事業の石碌鉄山事業は、……1942年10月27日に設置した同社の全額出資の日窒海南興業株式会社（本店東京）の受命事業に切替えられている。……

1943年以降の受命企業の概要

1943年には、新規受命業者の件数は急速に減少した。既に海南島で主要事業者が受命事業に参入しており、追加参入する余地は乏しくなっていた。また、日本の企業は、南方占領地への受命に傾注する事態となっており、海南島への参入希望者は減少せざるを得ない。……

特異な事業形態を採用した事例として海南原鉄株式会社（本店海口）がある。同社は1943年9月に受命し、鉄鉱石加工を主要業務とした。海南島で産出される鉄鉱石の川下部門を担当した。同社は株式会社形態を取っているがその出資者は海軍航空本部であり、『海軍省官設海南原鉄株式会社』との表記もある。同社は、官業を形式的に株式会社として事業の計算を行なったものであるが、海南島のみで事業を行なう軍政による政府出資法人として位置づけられ、事業形態としては特異なものである。事業規模を拡大する際に、出資による民間事業者の経営参入も考慮したものであろう。……

1944年にはすでに海南島における受命事業体制は固まっており、新規参入するにふさわしい事業は限られていた。……」[注08]（注―適宜改行を行ない、送り仮名および読点の一部を変更した）。

第一章「海南島」の冒頭からここまでに示したことをまとめると、「アジア太平洋戦争時における日本軍の海南島侵攻がたんなる軍事作戦の遂行ではなく、きわめて綿密な『開発計画』をともなったものであり、その当初から海南島を日本の経済的再生産構造のなかに組み込もうとする意図がこめられていた」[注06]のであり、海南島における巨大な利権を獲得するため日本の営利企業が群れを成して海南島に（土足で）乗り込んできたことが史実として重要であることが分かる。

第六次訪中団、海南島へ

華南の中でも最南端に位置する海南島に現存する万人坑と中国人強制労働の現場を訪ねるため結成された第六回「万人坑を知る旅」訪中団の七名は、二〇一四年一一月一二日の午後二時に中国南方航空機で関西空港を出発し、中国本土（大陸）の南端に近い広州白雲空港に午後五時半（これ以降は中国時間）に到着する。そして広州白雲空港で、桂林在住のガイド兼通訳の覃啓傑《たんけいけつ》さんと合流して中国国内便に乗り継ぎ、海南島の南端に位置する三亜空港に午後一〇時に到着する。

三亜空港では、地元の海南省海口市在住のガイド兼通訳の陳明柳《ちんめいりゅう》さんと、北京から三亜に先に到着している李秉剛《リビンガン》教授が迎えてくれる。

李秉剛《リビンガン》教授は、この日から私たちに同行し万人坑などを案内してくれる歴史研究者だが、経歴をここで簡単に紹介しておこう。李秉剛さんは一九四八年生まれで、一九七五年に遼寧大学歴史学部を卒業する。一九八〇年に『東北抗日連軍闘争史』の編集に参加してからは東北地方史の研究に没頭し、中国社会科学院中日歴史研究センターで「日本の中国東北地方労働者酷使の調査」を主宰した。そして、遼寧政治経済学院教授や中国共産党遼寧省委員会幹部学校教授などを歴任し、数年前に定年で退職したあとは北京で暮らしている。主著に、『万人坑を知る——日本が中国を侵略した史跡』(注09)・『私は地獄へ行ってきた——中国東北部、旧日本軍占領地区の生存労工の記憶』(注10)・『走过地狱——日本侵華期間幸存労工的回忆』(注11)・『日本在東北奴役労工調査研究[注12]』・『中国”特殊工人“——日軍奴役戦俘労工実態[注13]』・『日本侵華時期遼寧万人坑調査[注14]』・『遼寧人民抗日闘争簡史[注15]』などがある。

李秉剛さんは、第一回と第二回と第五回の「万人坑を知る旅」に同行してくれていて、今回が、李秉剛さんが同行してくれる四回目の「万人坑を知る旅」になる。

さて、海南島の三亜空港で李秉剛さんと陳明柳さんと合流した私たちは、陳標《ちんひょう》さんが運転する貸切の大型バスで三亜空港を出発し、午後一一時過ぎに宿舎のホテルに入る。

第二章　八所港万人坑

石碌《せきろく》鉱山開発と八所《はっしょ》港建設

海南島訪問第二日目の一一月一三日は、海南島の南端に位置する三亜から島の南西側の海岸線に沿って移動し、島の西端に位置する東方市に入り、石碌《せきろく》鉱山で産出する鉄鉱石などの搬出港として一九四〇年代初頭に建設された八所《はっしょ》港を訪ねる。その後、東方市から内陸に向かって東に移動し昌江《しょうこう》に入り、石碌鉱山と関連施設を訪ねる予定だ。

そこで、八所港と石碌鉱山がどのようなものであるのかをまず全体像として把握しておくため、柴田善雅著『海南島占領地における日系企業の活動』(注07)を最初に参照しておこう。柴田氏はこの論文の第三節「海南島産業開発策と受命事業者」の第一項「鉄鉱業政策と受命事業者の活動」で次のように説明している。

「海南島における鉱業開発は当初から力点が置かれた。1930年代後半における日本の経済的利権が東南アジアにおいて日本に対する警戒から後退する中で、仏印・タイに対して新たな利権の扶植が試みられたが、海南島においても新たな資源開発による対日製鉄原料供給が模索された。それが、石原産業海運による田独鉱山と、日本窒素肥料系の日窒海南興業の石碌鉄山である。

これらの開発の規模は大きく、重量のある鉄鉱石運搬のため、鉱山と港湾を結ぶ運鉱鉄道と搬出のための港湾整備は欠かせず、多くの周辺投資をもたらすものであった。そのため、石原産業海運と日本窒素肥料・日窒海南興業の投資は、単に既存鉄山の採掘に止まるものではなかった。鉱石搬出のための坑木の調達、鉱石運搬用鉄道の敷設、搬出用の港湾整備を必須とし、そのための投資がなされ、インフラ整備のための事業者の参入も見られた。この両者の採掘は海南島の最重点投資先であり、それを紹介しよう。……

……日本窒素肥料は、当初の電力業から拡張し石碌鉱山の鉱脈を確認した上で1941年8月に開発資材を導入し、10月から西松組に請け負わせて鉄道敷設を行なった。1942年3月より、鉄道による鉄鉱石の搬出が開始された。石碌鉱山には、系列の日窒鉱業株式会社や日鉄鉱業株式会社の技師が動員された。しかし、1942年の搬出は僅か5万トンにとどまった。300万トン出鉱を目標に鉱石搬出を急増させる目標を立て、工事を急いだ。

その中で日本窒素肥料は、石碌鉱山の事業を別法人に移す方針とした。この方針の転換は不詳であるが、海南島事業が巨大化する中で、本体事業として抱えることに問題が発生したのかもしれない。日本窒素肥料作成の『日窒海南興業株式会社設立要綱（案）』（日付なし、1942年と推定）で、石碌鉱山の開発事業及び付帯事業の資産で別の株式会社を設立するとした。……こうして日窒海南興業株式会社は、1942年10月27日に創立総会を開催し設置され……同年12月26日に、石碌鉄山とその付帯事業の譲渡を受けた。さらに翌年2月26日に、海南島における日本窒素肥料の火力発電事業と三亜の水道事業も譲渡を受けて、海南島の事業すべてが日窒海南興業に移管された。……

石碌鉄山の事業は、52キロの距離を石碌鉄道で運び八所港から搬出するものであるが、田独鉄山に比して港湾まで遠く、鉄道敷設にも多くの時間と資材・労力を投入する必要があった。石碌鉄道の途中のトンネルの掘削や鉄橋の架設を行ない、八所港の港湾整備も行なった。この鉄道敷設・港湾建設には西松組が担当した。西松組は1943年3月には鉄道敷設を竣工し、その後の港湾整備を経て円滑な搬出が可能となった。

海南島における鉄道は、石碌鉄道のほか、先述の石原産業海運の敷設する田独鉄道、日本製鉄の敷設する楡林鉄道のほか、海軍の敷設する楡林北黎鉄道と森林鉄道があり、これらを統合運行する『海南島鉄道株式会社』の設置も1943年7月の海南島開発協議会で提案されていたが、敷設主体の利権が異なるため実現しない。ただし、石碌鉄山搬出の北黎と田独鉄山搬出の楡林・三亜を結ぶ鉄道建設が鉱石搬出のため必要とされ、西松組と清水組が分担して、島の南西沿岸206キロの建設工事を併せて行なった。

石碌鉄山の1年100万トンの積出しを可能とするため、海軍省兵備局ではその施設の拡充を計画し、1942年9月までに八所港の改築を行なうものとした。この方針が打ち出され八所港の改修工事が急がれた。しかし、中国戦線や南方戦線に日本の土木技術者を動員する中で、海南島に十分な技術者を振り向ける余裕がなかった。日本窒素肥料からも、電力・鉄道以外の港湾については、有力な港湾土木技術者を供給することができなかった。そこで、夏場限定の土木事業に邁進する北海道から土木技術者が動員された。

鉄道は1942年3月に完成し開通していたが、さらに、その搬出港の整備が急がれた。鉄道付設工事と並行して港湾建設が急がれ、仮設岸壁で1942年4月1日に、鉄道の引っ込み線から積み込んだ鉄鉱石運搬船が出港した。この港湾の年間搬出能力は300万トンである。

海南海軍特務部は、日窒海南興業の1944年度生産力拡充計画として、1943年3月末の出鉱能力1

20万トンを9月末に200万トンに引上げるものとした。このため石碌鉱山は、貯鉱能力の強化、船舶輸送に対応した港湾荷役能力の強化、採掘設備の増強、修理工場の整備、水力発電の増強を急ぐものとされた。

しかし、ようやくたどり着いた搬出インフラの整備にもかかわらず、この大量搬出体制も長くは続かない。日本軍の敗色の中で、1944年11月に海軍は年間30万トン搬出に削減を命令し、同年12月には10万トン、さらに1945年1月には石碌鉄山の採掘中止命令を出し事業はほぼ停頓した。

1945年3、4月のアメリカ軍による空爆により八所港の港湾施設は全壊した。以後、日窒海南興業は食糧生産に傾斜しながら敗戦を迎える。……」（注―適宜改行を行ない、数字の表記と送り仮名と読点の一部を変更した）。

石碌鉱山と八所港を結ぶ鉄道や八所港の建設と石碌鉱山開発について柴田善雅氏はこのように説明している。しかし、石碌鉱山の採掘現場や、鉄鉱石を搬出するため建設される鉄道や八所港の建設現場における具体的な状況を柴田氏の論文からは知ることができない。「万人坑を知る旅」訪中団に参加する私たちが重要だと思い知りたいと考えていることは、政策や経済に関する一般的（学術的?）な論文や報告等では触れられない、「現場」における具体的な状況だ。

三亜から東方市八所へ

さて、海南島訪問第二日目となる一一月一三日の午前八時三〇分に三亜のホテルを出発した訪中団一行は、海南島の南西側の海岸線沿いに建設が進められている高速道路の一部を利用しながら東方市に向かう。一部を利用しながらというのは、高速道路はまだ建設中であり、片側が完成していないところでは、完成している方の片側の二車線を対面通行で走行し、両側とも未完成で通行できないところは高速道路を一旦降りて一般道路を通行することになるからだ。

貸切の大型観光バスに同乗しているのは、解説役の李秉剛さんと、桂林在住の通訳兼ガイドの覃啓傑さんと、海南島在住の通訳兼ガイドの陳明柳さんと、同じく海南島在住の運転手の陳標さんの四名だ。陳標さんは最終日まで一人で運転手を務めてくれるが、このあとすぐに分かるのは、ものすごく「熱心」な人であることだ。普通の運転手は、目的地に着くと、居眠りを決めこむなど出発まで気ままにのんびり過ごすのだが、陳標さんは、目的地に着いてバスを停めると私たちの訪中団にすぐに加わり、史跡や万人坑をいっしょに確認し、現場で受ける説明にも熱心に耳を傾ける。「万人坑を知る旅」訪中団などこれまでの訪中で多くの運転手の世話になっているが、陳標さんのような「熱心」な運転手は初めてだ。

解説役の李秉剛さんは、二〇〇二年と二〇〇七年に海南島を訪れ、万人坑と強制労働を中心とする詳しい調査を実施し、何人もの強制労働被害者に会い聞き取りも行なっている。その詳しい調査結果も踏まえ、三亜から東方までの長い移動時間を利用し、八所港と石碌鉱山における強制労働の実態について詳しく説明してくれる。この時に李秉剛さんから聞いた説明は、次の「八所港建設工事の強制労働と万人坑」の項で、他の解説などと合わせて紹介する。

さて、三亜を出発してから約二時間後の午前一〇時四〇分ころに、高速道路を降りて東方市街に入ってすぐのところでバスが停車する。東方市文物管理所から迎えの人が来てくれるので、ここで待ち合わせるとのことだ。

すると、パトカー（警察車両）と共に数名の警察官がすぐに現われ、ガイドの陳明柳さんや覃啓傑さんらと大きな声で話を始める。中国人同士が中国語で話す会話の内容は聞き取れないが、海南島では公安警察による警戒が厳しいと聞いているので、公安警察に目を付けられたのかと思った。

例えば、二〇一一年に海南島を訪ねた「神戸・南京をむすぶ会」訪中団の訪中報告書[注16]に、訪中団団長の宮内陽子さんが次のように記している。

「海南島では、南京とは異なり、非常にガードが固いという気がしました。南京では、侵略の歴史を学びに来たことは、一部例外を除いて市民から歓迎されています。海南島では、できるだけ現場や現地の人と接触させまいとする行政の力を感じました。……

（南丁朝鮮村の朝鮮人強制労働犠牲者追悼碑の前で）ここでも、公安関係者などが遠目で見守り、碑文を訳してほしいと姚さん（通訳）に頼んでも、緊張した表情を浮かべ『禁じられているので』と断られました。

……

八所にも、公安関係者が一緒で、地元の人もおられるようでしたが、紹介もされず、話をできるような雰囲気ではありませんでした。……

今回はどこへ行っても追い立てられるような気がして、落ち着いてまわることができませんでした」[注17]。

しかし、それから三年後の今回はそうではないようだ。日本から「万人坑を知る旅」訪中団がやって来て東方市文物管理所が迎え入れることは事前に分かっていて、警察としては、日本人の訪中団が安全かつ快適に行動できるように支援するということのようだ。そのため、待ち合わせ場所に到着した大型観光バスに警察官がさっそく声をかけてきたということだ。

さて、待ち合わせ場所で三〇分近く待たされたあと、迎えの高級乗用車がようやく到着し、その乗用車に先導されてバスが出発する。迎えの乗用車には行政府の高官が乗っていて、私たちの訪中団に歓迎の意を表わしつつ道中を先導してくれるということだ。

行政府の高官の先導で一〇分ほど走ると、「海南省東方市人民武芸部」という看板を掲げる人民解放軍施設の前に着き、ここで、東方市文物管理所所長と東方市博物館館長を兼務する秦巍《しんぎ》館長が私たちのバスに乗車する。秦巍館長は、これから訪ねる八所港と八所港万人坑を案内してくれる専門家だ。一方、高級乗用車に乗りここまで先導してくれたのは、秦巍館長の上司になるリュウ主任ということなので、東方市政府の高官ということになるのだろう。

秦巍館長を乗せて東方市人民武芸部の前を出発したあと、途中で花屋に立ち寄り、八所港万人坑と石碌鉱山で献花する花を購入する。そして、現在の八所港の前を通り過ぎ、陸地の方へ少し入ったところにある八所港万人坑に一一時五〇分ころに到着する。

八所港建設工事の強制労働と万人坑

秦巍館長が案内してくれる八所港万人坑！　そこは広大な沙漠だが、無機質の砂しか存在しない白っぽい砂色の砂漠ではなく、数十センチくらいの背丈の雑草や背丈の低い樹木などが結構たくさん生えている沙漠だ。そして、私たちのバスが停車したところは、二〇一二年に他所から移設されてきた二棟の監獄棟の前だ。

監獄棟の前でバスから降り、八所港がある方角をながめると、八所市街に林立している高層ビル群が遠目

八所港万人坑
広大な沙漠だが、背の低い樹木や雑草がけっこう生えている。

に見える。そして、目の前に広がる八所港万人坑の広大な沙漠をながめながら、八所港と万人坑について秦巍館長が説明してくれる。

このとき八所港万人坑の現地で秦巍館長から受けた説明と、行き帰りのバス車中などで李秉剛さんから聞いた説明と李秉剛さんの著書(注18)などから、八所港建設工事における強制労働と万人坑についてまとめておこう。

海南島西部の内陸部に位置する昌江地区にある石碌鉱山で産出する鉄鉱石を海南島から日本などに搬出するため、石碌鉱山から西方に約五〇キロ離れている西海岸に位置する八所に港を建設し、石碌鉱山と八所港の間を鉄道で結ぶことになる情況は、「石碌鉱山開発と八所港建設」の項で示したとおりである。また、この鉄道と八所港は、昌江地区で収奪する森林資源などの搬送にも利用されることになる。

八所港の建設工事は、日本が海南島を占領した一九三九年の年末から一九四二年の年末にかけて行なわれた。この三年間に、各地でだまされて労工募集に応じたり強制連行されてきたりした中国人ら二万人余が労工として建設工事に強制的に従事させられるが、その中に、東南アジア地域で捕まえられたイギリス・インドネシア・カナダ・オーストラリアなどの捕虜一〇〇〇人余も含まれている。

八所港に連行されてきた労工たちは毎朝五時に起こされ、貧弱な食事もそこそこに、銃を構える日本兵に監視されながら宿舎から工事現場へ移動する。

工事現場では、昼食の休憩時間以外に休みはなく、夕方暗くなるまで働き続ける。工事のための機械設備はなく、石材を運ぶ小さな手押し車だけを用い、港湾の岸壁や防波堤や橋や道路などを手作業で造る。コンクリート打ちの作業では、途中で休みもとれないまま数日間もきつい作業が続く。

このような重労働を強いられるのに、労工に与えられる食事は、三〇〇グラムほどのかびた米やサツマイモの干し物だけだ。海南島内で徴用される中国人労工は三カ月で交代することができるが、中国本土（大陸）や台湾から連行されてきた中国人労工とオーストラリアなどの捕虜は、空腹を我慢し飢餓に耐え続けるしかなかった。

労工たちの宿舎は草葺きの簡素な造りで、台風が来ると屋根や壁が壊れ労工は風雨にさらされる。大きい長屋には数百人が詰め込まれ、「豚の子の寮」と呼ばれた。それぞれの宿舎はいずれも収容人数が多すぎるため、大小便があふれ、不快な臭気が屋内に充満しハエや蚊が飛び交う。時が経つと衣服は破れてボロボロになり、冬になると労工たちは寒さをしのぐため麻袋を探して身体に巻きつけた。

このような劣悪な生活条件と過酷な労働により、多数の労工が過労と飢餓で衰弱し死亡する。また、コレラなどの伝染病も、労工が死亡する大きな原因になる。病気になった労工はいわゆる「病院」に送られるが、そこには医者も看護師もおらず、働かないことを理由に食事の量は減らされる。衰弱した労工は、「病院」

八所港
労工の強制労働で造られた当時の八所港（李秉剛教授提供写真）。

の冷たい地面の上で死を待つしかなくなり、「病院」は死体の収容所になる。病人が多くなると、毒を注射して死亡させることも行なわれた。

作業現場で頻発する事故でも多くの労工が死亡する。海辺での作業中に海中に転落した労工の死体が海面に浮かぶこともよくあった。

漢奸《かんかん》（注A）となった把頭《バートウ》（注B）（注19）らと日本兵による虐待も、労工が死亡する大きな原因となる。たとえば、規律を守らないとされたり反抗的だとみなされた者は、港の近くに設置されている監獄棟に収容され虐待を受ける。中国人売国奴らは、骨を折る、足首の筋を切る、シェパード犬に咬ませる、湯浴（熱湯をかける）、飛行機吊り（両手を後ろ向きに縛り吊り上げる）など「十種類の刑罰」で労工を虐待した。

（注A）漢奸《かんかん》。中国人民を裏切り日本にすり寄った中国人の売国奴。中国では最大限にさげすまれている。
（注B）把頭《バートウ》。中国人の現場監督。労工集めも併せて担当する。

こうして多数の労工が死亡するが、最初のうちは遺体は焼却され、骨灰（遺骨）を骨箱（骨壺）に入れて保管することも行なわれた。例えば、解放後に地元の農家から一八〇〇個余の骨箱（骨壺）が発見されたことがあるが、骨箱の中に入れられていたのは、八所港建設工事などの強制労働で死亡した労工の遺骨であることが確認されている。

死亡する労工が多くなると、死体を台車に直接乗せ、八所港の建設工事現場から一キロくらい離れたあたりの沙漠に運び、溝（穴）を掘って埋めた。一つの溝が死体でいっぱいになると、また別の溝を掘り遺体を埋めた。

結局、八所港建設工事には二万人余が労工として徴用されたが、この項で示すようにさまざまな原因で多数の労工が死亡し、工事が完成する時点で生き残っていたのは一九六〇人に過ぎない。これ以外の労工は命を絶たれ、八所の沙漠に埋められるなどで「処理」されていた。

八所と昌江石碌地区では、八所港建設の他に、八所港と石碌鉱山を結ぶ鉄道や発電所の建設が同時期に行なわれている。それらの建設工事に徴用された労工を合せると、八所港に関連する強制労働の被害者は三万人になる。そのうち、途中で逃走した二〇〇〇人を除くと、八所港の建設などが一段落する時点で生き残っていたのは六〇〇〇人に過ぎず、合わせて二万二〇〇〇人が死亡していた。犠牲者の多くは、八所港に近い沙漠に捨て（埋め）られ八所港万人坑が形成された。

八所港万人坑の現状

八所港万人坑に移築されている監獄棟の前で、万人坑という「人捨て場」にされた広大な沙漠をながめながら、日本の侵略下で行なわれた八所港建設に関わる惨劇について秦巍館長から三〇分近く説明を受けたあと、八所港万人坑の解放後の様子について次のような話も聞かせてもらう。

侵略者である日本の暴虐を記憶し、何より犠牲者を追悼し、そして若い世代の愛国教育に資するため、一九八三年に広東省政府は八所港万人坑を文化財（史跡）に指定する（海南島が広東省から分離され海南省として独立するのは一九八八年）。その翌年の一九八四年に地元の管理部門は、八所の沙漠の表層に散乱している大量の遺骨を収集し埋葬した。

一九八八年に海南島が広東省から独立し海南省となったあと、一九九四年に東方県人民政府は、犠牲となった労工を追悼する巨大な記念碑を八所港万人坑に建立する。その一方で、万人坑の沙漠の表層に多くの遺骨がなおも残されたまま放置されてきた。二〇〇五年になってようやく研究者らが遺骨を丁寧に収集したので、今は沙漠の表面に遺骨は残っていない。しかし、地中には遺骨が残されたままになっている。

二〇一二年になると、既に八所港万人坑の象徴となっていた巨大な記念碑が建立されている辺りの万人坑の地に港湾と貿易に関わる施設が造られることになり、その辺りの万人坑は、発掘や詳しい調査が行なわれることもないまま、新たな商業施設の建設用地にされてしまう。一九九四年に建立された巨大な記念碑は、解放後に建立されたものなので史跡ではなく、巨大であるため移築することもできないという理由で取り壊されてしまった。

さらに、監獄棟が設置されていた港に近い辺りにもホテルが建設されることになる。記念碑は、史跡ではないという理由で取り壊されてしまったが、監獄棟は史跡なので、二棟だけは取り壊さないで移築して保存されることになり、もともとあった位置から五〇〇メートルほど離れている沙漠の万人坑の地に二〇一二年に移設された。

八所港万人坑の現状について秦魏館長はこのように話してくれた。中国のいたるところで、経済最優先の「開発」という名の猛威が吹き荒れているが、八所港万人坑という貴重な史跡も「開発」の大波に飲み込まれてしまうのが中国の現状だ。歴史研究者である秦魏館長は複雑な想いを心の内に秘めているのだろうと思う。

秦魏館長から一通り説明を受けたあと、私たちは犠牲者追悼式を行なうことにする。さて、八所の広大な沙漠が目の前に広がり、私たちが立っている辺りも含め広い範囲に犠牲者の遺体が埋め（捨て）られたのだが、沙漠の表面に遺骨が残っていることはなく、追悼碑や記念碑の類は何も無い。それで、特に理由もないまま、沙漠の表面が少し盛り上がっている所を選び、あらかじめ用意してきた献花用の花束と、「不忘悲痛之事実／反省・追悼・和平」と記した書（色紙）を沙漠の砂の上に供える。そして、犠牲者を追悼し再び侵略しないことを誓う言葉を野津喜美子さんが中国語で読み上げる。

犠牲者追悼式を終えたあと、二〇一二年に移設されてきた二棟の監獄棟を確認する。監獄棟はそれぞれ、高さ一メートルくらいの白っぽいセメント造りの土台の上に設置されている。赤レンガを積み上げて作られている四方の壁と天井で構成される監獄棟の大きさは幅一〇メートル、奥行き五メートルくらいで、天井の

犠牲者追悼式
花束と書を供え、野津喜美子さんが追悼の言葉を読み上げる。右側奥は監獄棟。

監獄棟
天井の一部が崩れ落ちている方の監獄棟。コンクリート製の土台の上に移設されている。

高さは三メートル半ほどだろうか。二棟のうち一棟は、四方の壁と屋根（天井）が元の姿のまま完全に保存されているが、別の一棟は、天井の四分の一くらいが壊れ落ちてなくなっている。

監獄棟の周囲には広大な沙漠が広がるばかりだが、万人坑が形成された当時は草木の生えない沙漠だったとのことだ。今は、二メートル以上の背丈の樹木や背の低い雑草がまばらにというかけっこう生えている。八所港の方角を見ると、五〇〇メートルほど離れたところに建設中の巨大なホテルが沙漠越しに見える。その建設中のホテルの近くに、目の前に今ある二棟の監獄棟があったということだ。

八所港旧址

一二時四〇分ころに八所港万人坑を出発し、広大な敷地に荷役用の巨大なクレーンが林立している現在の八所港の前を通り抜け、八所港の裏（奥？）にある魚鱗洲と呼ばれる辺りに移動する。八所港万人坑からここまで移動するのに一〇分もかからない。そして、この辺りの魚鱗洲と呼ばれる一帯に、日本の侵略時代に強制労働により建設された八所港の遺構が残っている。

それで、当時の八所港は、一九四五年の三月と四月に行なわれたアメリカ軍による空爆で完全に破壊されたので、漁鱗洲の現場に立っても、港の全貌を想像するのは難しい。しかし、波打ち際には、石材を積み上げて造られた埠頭（岸壁）の一部が、埠頭（岸壁）だと認識できる状態で所どころに何カ所も残っている。強制労働させられた中国人労工らが人の力で石材を積み上げて構築した埠頭（岸壁）だ。そこに用いられている個々の石材は、人の力で持ち上げるのはかなり難しいと思われるほどの大きなものだ。

八所港旧址
石材を積み上げて造られた埠頭（岸壁）の一部が波打ち際に何カ所も残っている。

八所港旧址
破壊された埠頭（岸壁）の先に、巨大なクレーンが林立する現在の八所港が見える。

沖合には、今は直接には利用されていない、中国人労工らが彼らの手で造り上げた長大な防波堤が海面上に少し顔を出し、波に洗われているのが見える。その先に、荷役用の巨大なクレーンが林立する現在の近代的な八所港が見える。

中国人を強制労働させ七〇年余前に港が造られたこの辺りは、七年前までは放置されてきたとのことだが、その後、現在の八所港に近いこの辺りも開発の大波に取り込まれて広大な駐車場が作られ、港の施設として利用されているようだ。

東方市にて

午後一時ころに八所港旧址を出発して東方市街に移動し、東方行政学学校の前にある金香源飯店という食堂に入り、秦巍館長を囲んで昼食を食べる。その際に、秦巍館長が最近見つけた石碑の話をしてくれる。八所港建設に従事させられている中国人労工らはいつも腹をすかせているので、近くの畑でイモを盗んで食べていたが、ほとんどの農民は労工を憐れみとがめなかった。しかし、あるとき、意地の悪い農民が、イモを盗んだ労工をとがめて殺してしまった。すると、その後、その農民に悪いことが次々に起こるので、謝罪碑を建て、殺した労工を供養した。その謝罪碑を秦巍館長は最近になって発見したとのことだ。

昼食を済ませ、金香源飯店の前で秦巍館長と別れ、次の目的地である石碌に向かうため午後二時二〇分ころに食堂を出発する。すると、食堂のすぐ近くの道路脇に小さな露店が並んでいて、果物を売っている。それで一寸立ち寄ってみると、名前が分からない赤や黄色の果実やスイカやバナナを露天の店頭に山のように並べて売っている。バナナは、長さが一〇センチほどの小粒の品種だ。海南島在住のガイドの陳明柳さんが果物を買い求め、その場で食べる分だけ私たちに手渡してくれる。

露店の店主らが果物の搬送に用いる三輪自動車は、オートバイの後輪を二輪に改造し小さな荷台を架装したもので、日本の軽トラック（軽自動車のトラック）より一回り小さい。

第三章　石碌《せきろく》鉄鉱万人坑

石碌鉱山死難鉱工記念碑

海南島の西海岸に位置する東方市を午後二時半ころに出発した訪中団一行は、東方市の東方の内陸部に位置する昌江黎《リ》族自治県石碌《せきろく》鎮にある石碌鉱山に向かい、昌江の中心街から少し離れた緑豊かな丘陵地にある閑静な住宅街に午後三時二〇分ころに到着する。

その住宅街の中にある、車がほとんど通らない広い交差点の一角に、大理石だと思われる白い石材で造られたかなり大きな毛沢東の像が設置されている。いろんな所に設置されている毛沢東像と同様の、顔の前に右手を挙げる見慣れた姿の像だ。

この毛沢東像の背後（裏側）に、緑の樹林が生い茂る公園があり、公園の奥の小高い丘の上に石碌鉱山死難鉱工記念碑が建立されている。一九六五年に建立された、高さ七メートルくらいの巨大な記念碑だ。白い大理石の板で表面が覆われる記念碑の正面に「日寇〇〇統治時期死難鉱工記念碑」（〇〇は判読不明）と大きな文字で刻まれ、台座部分には、石碌鉱山における強制労働の惨状が小さい文字でびっしりと刻まれている。

石碌鉱山死難鉱工記念碑
1965 年に建立された白い巨大な記念碑。

石碌鉱山の犠牲者を追悼するこの記念碑に、事前に東方市で準備してきた献花用の花束と、「不忘悲痛之事実／反省・追悼・和平」と記した書（色紙）を供え、犠牲者を追悼し再び侵略しないことを誓う言葉を野津喜美子さんが中国語で読み上げる。この犠牲者追悼式にも、運転手の陳標さんを含む中国側の人たちが参列してくれる。

石碌鉱山の強制労働と万人坑

石碌鉱山についての一般的（学術的？）な説明は、第二章「八所港万人坑」の「石碌鉱山開発と八所港建設」の項に既に記した。しかし、鉄鉱石を採掘する実際の現場で何が行なわれていたのかはそこからは分からない。そこで、石碌に建立されている死難鉱工記念碑の前や、その行き帰りのバス車中で李秉剛さんから聞いた説明と李秉剛さんの著書を基に、[注20]日本の占領下に置かれた石碌鉱山の採掘現場で実際に行なわれていたことをここでまとめておこう。

海南島の西部に位置する昌江地区には、鉄・金・銅・亜鉛・アルミなどの鉱物資源が豊富に埋蔵されている。その中でも、石碌の鉄鉱石の埋蔵量は特別に豊富で品質も高く、石碌鉱山は優良な鉄鉱山である。一九三九年に日本が昌江を占領したあと石碌鉱山の開発を受命した日本窒素肥料は、大量の労工を石碌に集め鉄鉱資源の略奪を始める。

石碌鉱山に最初に動員されてきたのは、台湾で「募集」された労工だ。その当時の台湾は景気が落ち込み失業者が多く、賃金や就業期間や場所や食住の待遇など条件の良い仕事があるという嘘の勧誘にだまされて労工募集に応じた人たちが集められ石碌に連行されてきた。

生活苦にあえぐ農民や失業者をだまして募集することは台湾以外の各地でも行なわれ、中国本土（大陸）の河南・上海・広州・汕頭・アモイ・香港・マカオなどの占領地区から多数の農民らが集められた。また、朝鮮・インドネシア・インドなどから連行されてくる者もいる。地元の海南島からも、徴用されたり強制的に連行されてくる者がいた。こうして四万人余が石碌鉱山に労工として集められ、採鉱作業を強いられることになる。

労工が住む長屋は、草葺きの屋根と草で作る壁でできていて、木の板で床が張られ、それぞれの長屋にそれぞれ六〇人くらいずつが収容された。長屋には畳も布団もないので、労工たちは麻袋やセメント袋を床に敷き、身体にも麻袋などを掛けて寝る。労工が着ているのは、故郷から各自が持参してきた衣類であり、長期間の労働で傷んで破れてしまうと、しかたなくセメント袋などを身体に巻きつけた。作業現場から麻袋を持ち帰ろうとした労工が、盗みを働いたとしてとがめられ殺害されたこともある。

石碌鉱山

日本窒素肥料が支配していた当時の石碌鉱山（李秉剛教授提供写真）。

労工宿舎

草葺きの労工宿舎に、それぞれ60人くらいが収容された（李秉剛教授提供写真）。

労工は毎日三回食事をとることができるが、量が少ないので空腹を満たすことはとてもできない。病気になったり天気が悪かったりで仕事ができないと食事は二回に減らされ、薄い粥しか食べれなくなる。一九四四年以降は、労工一人当りの食糧は一八〇グラムだけになり、他にサツマイモなどを食べた。空腹に耐えかね山で山菜を採ったりする労工もいたが、日本兵に見つかると、勝手な行動をしたなどととがめられ、殴り殺されたこともある。

鉱山からの逃走を試みる労工もいるが、見つかり捕まえられると酷い扱いを受ける。例えば、海南島内で徴用された六名が、家を離れる期間が長くなりすぎるのでもう帰ろうと思い一九四二年五月に逃走するが、途中で日本兵に見つかり捕まえられる。そして鉱山の労工が集められ、その目の前で四人の年配の労工が見せしめのため首を切られ殺害される。残りの二人の若い労工は、穴を掘り四人の遺体を埋めるよう命じられる。しばらくすると、二人の若い労工も恐怖のため死んでしまった。

広州で徴用された二人の労工は過酷な労働に耐えれなくなり、一九四三年秋のある夜中に逃走する。しかし、日本兵に捕まり、前出の海南島の労工と同じように、集められた労工の目の前で見せしめのため首を切られ殺害された。

一九四四年の春節の前に五八人が集団で逃走したが、金波郷の辺りで日本兵に捕まえられる。捕まえられた労工は両手を後ろ手に縛られ、大きな立ち木に吊り下げられる。そして付近の住民が集められ、その目の前でガソリンをかけられ、生きたまま焼き殺された。その数日後に逃走した一二名も日本兵に捕まえられ、同じように立ち木に吊り下げられ、首を切られて殺害された。

さて、労工が死亡する最大の原因は過労と飢えによる衰弱死（過労死）だが、病気も、労工が死亡する主

日本人統治者
中国人労工を人ではなく道具として冷酷に扱った（李秉剛教授提供写真）。

要な原因の一つである。海南島は雨が多くて湿度が高く蒸し暑い。宿舎には蚊やハエなどがたくさん飛び回り、衛生環境も悪い。そういう中で、過労と飢えで衰弱している労工はさまざまな病気にかかり伝染病も流行する。

たとえば、一九四二年の夏にコレラが流行したとき、石碌鉱山の水尾作業所では、そこで働いている三〇〇〇人余の労工の半数以上が死亡した。そのうち、河南省開封から徴用されていた四〇〇人余は全員が死亡する。また、上海から徴用され又河作業所で働かされていた三〇〇人余も全員が死亡した。

鉱山には医務室と病棟があったが、そこに収容された労工は水を飲むことさえ満足にできず、多くの労工がそのまま死亡する。また、毒を注射されて殺害される者もいた。

死亡する大勢の労工の遺体を処理するため専任の作業班が作られ、石碌橋の西方にある製鋼所に多くの遺体が運び込まれ焼却された。また、セメント工場の南方にある大きな谷に遺体が大量に埋められた。

こうして、石碌鉱山で労働を強制された四万人余の労工のうち三万人余が死亡し、一九四五年に日本が降伏したときに生き残っていたのは五八〇〇人だけだ。

日本が海南島を占領している六年間に石碌鉱山から略奪した鉄鉱石は六九万五〇〇〇トンになる。そして同時に、理不尽かつ過酷な採鉱作業で三万人余の労工を死亡させ、石碌鉄鉱万人坑が形成された。

石碌鉱山強制労働の被害者

李秉剛さんは、自身で二回実施している海南島における強制労働と万人坑の調査で各地を訪ね、何人もの強制労働被害者に会い証言を聞いている。そのうち二〇〇七年の調査では、当時九〇歳になっていた石碌鉱山強制労働被害者のカンさんに会い証言を聞いている。そのカンさんと、今回の石碌訪問の機会に李秉剛さんは再会しようとするが、カンさんと連絡がとれないので、中国共産党海南鉱業委員会に行き情況を確認するということだ。

石碌鉱山死難鉱工記念碑の確認や犠牲者追悼式を済ませたあと、記念碑が建立されている公園がある閑静な住宅街を午後四時ころに出発し、海南鉱業股份《グーフェン》有限公司（株式会社）に数分で到着する。現在の石碌鉱山を経営している会社だ。その会社内に中国共産党海南鉱業委員会があり、海南鉱業の本館建屋の入口には、「中国共産党海南鉱業委員会」と記されている大きな看板が会社の看板と共に掲示されている。

カンさんの情況を確認してくるということで李秉剛さんは一人で本館建屋内に入る。それで、私たちはしばらく付近を散策する。海南鉱業本館建屋のすぐ目の前に、豊かな樹林に囲まれる広い公園があり、運動（フィールドアスレチック）用の器具もたくさん並んでいる。しかし、この日のこの時間帯に公園を散策する人はほとんどいないようだ。

三〇分ほどすると、海南鉱業の本館建屋から李秉剛さんが出てくる。そして、とりあえずバスに乗り昌江市街に向かう。その車中で、中国共産党海南鉱業委員会で確認してきた状況を李秉剛さんは次のように説明してくれる。

カンさんは御存命ということなので、カンさんとの面会を李秉剛さんは求めた。しかし、カンさんとの面会は「接待部」の所管になるので、海南鉱業委員会では対応できないと言われる。また、カンさんは既に九七歳になっていて、体調が良好という状況ではない。勝手に面会させカンさんに何かあっても海南鉱業委員会は責任を取れないので困るとも言われる。そこで、その場で「接待部」に連絡をとってもらったが、対応に出た「接待部」の職員は、「上」からの指示がないのですぐには対応できないということだ。すぐには決着しそうにないので、残念だが今回は、カンさんとの再会をあきらめざるをえなかった。

中国共産党海南鉱業委員会との交渉の状況を李秉剛さんはこのように説明してくれた。中国における組織の管轄や権限のことは私たちには分からないが、融通が利く体制ではないようだ。

石碌から昌江市街へ

石碌鉱山における強制労働の犠牲者が埋められた万人坑は保全や整備がされておらず、また、操業中の現在の石碌鉱山も見学することはできないとのことなので、この日はそのまま宿舎のホテルに向かう。

石碌にある海南鉱業を午後四時半ころに出発してしばらく走ると昌江市街に入る。市街地を通る片側四車線の幹線道路は、自動車の数をはるかに上回る大量の二輪車（バイク）で広い路面が埋め尽くされているという感じだ。

道路の両側には街路樹がびっしりと立ち並び、街路樹に並行して道路の両側に大きな建物がずらりと建ち並んでいる。建設中の建物もいたるところで目につく。高層の建物が林立する現在の昌江の街のようすは、李秉剛さんが前回調査に来た七年前とは全く異なるとのことだ。

午後五時前に、昌江市街の幹線道路沿いにある宿舎のホテルに到着し、この日の訪中団としての予定を終える。

第四章　「朝鮮村」・南丁千人坑

昌江から三亜へ

海南島訪問第三日目の一一月一四日は、島の西方の内陸部に位置する昌江から、島の南端に位置する三亜へ移動し、「朝鮮村」の南丁千人坑と田独鉱山万人坑を訪ねる予定だ。

私たちは、午前八時四〇分ころに昌江のホテルを出発してまず西に向かい、海南島の西端に位置する東方市に入る。そのあと、島の西南側の海岸線沿いを反時計回りに進み、島の南端に位置する三亜に向かう。この日は、まだ未完成の高速道路を利用しないで一般道路だけを通り、三亜までは三時間半ほどかかる予定でいる。

私たちが通る一般道路は基本的に片側一車線の対面通行で、大半は、森林や畑が広がる中を走りながら、ときどき町や集落を通過する。途中には、露天掘りの鉱山や河川や湿地帯を通るところもある。大陸の都市に比べると二輪車の数が圧倒的に多く、二輪車の後部や、サイドカーのように右側に簡単な座席を架装する小型の三輪車のタクシーも多数が活躍している。

途中で立ち寄ったガソリンスタンドでは、太くて水分が多いサトウキビを店員の女性が皮ごと丸ごとかじっている。普通は、サトウキビの皮をむいてかじるとのことだ。

そして午後一時ころに、海南島観光の起点となっている三亜に到着し、多くの観光客が訪れる緑豊かな森の中で営業している洒落た食堂に入り昼食を食べる。

「朝鮮村」の南丁千人坑

三亜市の北方に位置する吉陽鎮に、「朝鮮村」と呼ばれる黎《リ》族の村・南丁村がある。この日の午後は、その南丁村をまず訪ねる予定だ。三亜市内の森の中にある食堂で昼食を済ませたあと、午後二時過ぎに食堂を出発し、三亜市内にある花屋に途中で立ち寄り献花用の花束を二つ購入する。そして南丁村に向かう。

南丁村の集落に入ったところで、南丁千人坑を案内してくれる蒲学輝《ほがくき》さんと合流し、蒲学輝さんが運転する乗用車に先導されて南丁村の集落の中を通り抜け、午後三時に南丁千人坑に到着する。

私たちが乗ってきたバスが停車した辺りの細い道路の傍に「草原」が拡がり、道路から五〇メートルほど奥に入った「草原」の中に記念碑が四基並んでいる。その記念碑からさらに三〇メートルくらい奥になる辺りに、手前側の道路と並行に赤レンガ造りの壁が設置されていて「草原」と集落との境となり、赤レンガの壁の向こう側になる集落には平屋の民家などが建ち並んでいる。赤レンガの壁の手前側に広がる「草原」が、「朝鮮村」の南丁千人坑と呼ばれるところだ。

四基の記念碑の右方にある、鎮守の森のようなこぢんまりした樹林の奥には、南丁千人坑で収集された遺

南丁千人坑
４基の記念碑が設置されているこの「草原」に犠牲者の遺体が埋められた。

骨を安置している朝鮮人遺骨館の建屋があるが、樹林にさえぎられ道路からは見えない。

南丁千人坑を案内してくれる蒲学輝さんは南丁村の住人で、地元のおじいさんやおばあさんから、日本の侵略下におかれた当時の南丁村の様子を聞かされている。しかし、当時の様子を直接体験して知っている人は、南丁村には一人しかもう生存しておらず、その人も高齢で、既に話ができなくなっているとのことだ。

南丁における朝鮮人強制労働と千人坑

南丁千人坑の現地で蒲学輝《ほがくき》さんから聞いた話と幾つかの資料を基に、日本の侵略下で引き起こされた南丁の惨劇のあらましをここでまとめておこう。

海南島における鉱山での採掘作業あるいは飛行場や道路の建設工事に従事させる労働者の不足を補うため、収容能力が限界に達している朝鮮総督府の刑務所から海南島に受刑者を派遣する計画を、アジア太平洋戦争末期の一九四三年に日本国政府が策定し、その計画が実施されることになる。一九四三年四月一二日付の内務省発管第七二号「朝鮮総督府受刑者海南島出役ニ伴フ監督職員等増員ニ関スル件」には、海南島に派遣される受刑者の人数は累計でおよそ二〇〇〇名と記されている。二〇〇〇名という人数は、当時の朝鮮で刑務所に収監されている受刑者の約一割に相当する。

この日本国政府の方針に基づき、朝鮮各地の刑務所に収監されている受刑者は朝鮮総督府により「南方派遣朝鮮報国隊」として編成され、一九四二年末から一九四四年三月ころまでに八回に分けて海南島に派遣されている。「朝鮮報国隊」として派遣（連行）されてきた人々は、三亜市内や陵水県三才鎮后石村・陵水県英州鎮大坡村・楽東県黄流鎮白極坡で飛行場建設などに従事させられたり、石碌鉱山や田独鉱山で鉱夫として働かされたり、八所で港湾建設の労働を強制されたりした。

当時、海南島の住民らは、青色の服を着用する朝鮮人が道路工事をしたり洞窟を掘ったりしているのを各地で目撃している。例えば、香港から海南島に連行された馬霖さん（一九一六年生まれ）は次のように証言している。

「三亜の中山路で、'朝鮮報国隊' と縫いつけた青い服を着ている人たちを何度も見た。20人くらいで、道路の修理をしていた。'コラー' と日本の兵隊がどなっていた。わたしは、'朝鮮報国隊' は朝鮮共産党の人たちだと思っていた(注21)」。

アジア太平洋戦争の末期に鉱山の採鉱や飛行場建設が中断されると、「朝鮮報国隊」として連行されてきた受刑者の多くは南丁に集められ、やがて「朝鮮村」と呼ばれるようになる地域に作られた施設に収容される。そして、「朝鮮村」の周辺で、道路工事・井戸掘り・トンネル掘り・軍用施設建設などに従事させられた。「朝鮮村」周辺で強制労働させられたのは一二五〇名余で、そのうち八〇パーセントは朝鮮から連行されてきた人たちだ。

南丁の黎族の村で一九一六年に生まれ、一九四五年ころに朝鮮人といっしょに近くの道路の建設作業を強制的にさせられた黎族の符亜輪さんは次のように証言している。

「朝鮮人は、竹で作ったかごを背負って土を運んだ。少ししか食べるものをもらえないので、力がなかった。運ぶことができなければ、日本人に殴られた。

道路ができたあと、何の理由もなく、朝鮮人をふたりづつ、木に吊るして殴った。死ぬまで殴って、死んだあと、2、3人づつ穴に埋めた。死んだ朝鮮人を箱に入れて穴に運んで、からの箱を持って戻り、またその箱に朝鮮人を入れて運ぶ。最初は、殺した朝鮮人に石油をかけて焼いたが、あとは石油がなくなって、そのまま埋めた。

朝鮮人はとても多かった。みんな同じ服を着ていた。上着もズボンも青色で、ボタンは白かった。朝鮮人の収容所は、鉄条網で囲まれ、日本人が見張っていた」(注22)(語順を一カ所変更し、句点を一つ削除した)。

子どものころ「朝鮮村」の近くで牛追いをしていた周学権さん(一九三五年生まれ)は次のように証言している。

「1945年ころ、道路工事をさせられているたくさんの朝鮮人を見た。

朝鮮人が木にぶらさげられているのを見て、とても怖かった。近くの裏山で生きたまま焼かれた朝鮮人の声を聞いた。子どものとき聞いたその悲鳴が、いまも聞こえるようだ。

日本人は、朝鮮人の首を切って、村の入り口に置いていた箱に入れた。その箱がいっぱいになると、どこ

蒲学輝さんと陳明柳さん
南丁千人坑の現地で蒲学輝さん（左）が南丁の惨劇を話してくれる。

かへ持っていった」(注22)。

朝鮮人の収容所があったところのすぐ前に住んでいる蘇亜呑さんは次のように証言している。

「当時30歳。近くの山のふもとに住んでいた。朝鮮人にご飯を食べさせたこともあった。朝鮮人が木にぶらさげられて殴られたり、殺されたりするのを隠れてそっと見た。何度も見た。朝鮮人はほとんどが、からだが弱々しく、空色の服を着ていた」(注22)。

治安維持法違反で一九四一年に三年の実刑判決を受けて服役している最中の一九四三年三月に朝鮮報国隊の隊員として海南島の「朝鮮村」に連行されたが、なんとか生還することができた柳済敬さん（一九一七年生まれ）は次のように証言している。

「何回か逃亡してつかまった人だった。その人をみなが見る前で、看守が縛って、逆さに天井に引っ張りあげてぶらさげた。／ほんの何分かで死んだ。みなが見ましたよ。引っ張り上げた人間は、看守部長だった。名前は貴島。性格があらくてね。恐怖感を与える。／殺された人の名は、金老麻」(注21)。

南丁村のおじいさんやおばあさんから聞いた話だとして蒲学輝さんは次のような話も紹介してくれる。当時の日本兵は、連行してきた朝鮮人には冷酷な態度で接したが、南丁村に住む黎族の人たちには悪事をはたらかなかった。黎族の住民は、ヤシの実を採って日本兵に渡したりしていた。

日本兵が朝鮮人を殺害するときのやり方は残忍で、「朝鮮村」にあった梅の木に朝鮮人を吊り下げ、銃で撃った。その梅の木は何年か前に切られたので、今はもう無い。

「朝鮮村」で最後まで生き残っていた朝鮮人も、一九四五年の日本の敗戦時に銃殺や撲殺により集団虐殺されてしまう。その虐殺現場を目撃した住民は、日本兵は朝鮮人に朝鮮人を殴らせて殺させ、朝鮮人に穴を掘らせて死体を埋めさせたと証言する。南丁で命を落とした朝鮮人は一〇〇〇人を超え、これらの犠牲者の遺体が埋められ南丁千人坑（人捨て場）が形成された。

南丁の史実は歴史から消えなかった

南丁千人坑に記念碑が建立されることになる経緯についても蒲学輝さんは次のように話してくれる。

南丁の惨劇を朝鮮の人たちは知る術もなく、人知れず闇に埋もれてしまう恐れもあった。しかし、実は、日本の敗戦時の集団虐殺を逃れ朝鮮に生きて帰ることができた人が一人だけいて、その一人により南丁の惨劇は朝鮮の人たちに伝えられていた。

そして、惨劇から半世紀以上が過ぎた一九九八年六月に、ＫＢＳ（韓国放送公社）による南丁「朝鮮村」取材がようやく実現し、たくさんの遺骨が現認される。この時の取材結果は金五重監督により、『海南島に

南丁千人坑の記念碑
韓国人の徐在弘氏が1999年に4基の記念碑を建立した。

埋められた朝鮮人の魂』というドキュメンタリー番組にまとめられ、同年八月三一日に放送された。

海南島東方市で農場を経営している韓国人の徐在弘氏は、このドキュメンタリー番組を見て「朝鮮村」の惨劇を知り、朝鮮語と中国語で刻まれる「日寇《にちこう》時期受迫害朝鮮同朋死亡追慕碑」など四つの記念碑を一九九九年九月一日に南丁千人坑の現場に建立する。徐在弘氏が建立した、四基が一列に並ぶ記念碑のうち、正面に向かって一番右側になる記念碑には中国語と朝鮮語で次のように刻まれている。

「一九四二年、日本の侵略者は朝鮮から千人以上の青年を捕まえてきて残忍に迫害し、この地に埋めた。当地の政府と人民は、朝鮮同胞の不幸な境遇に対し深い哀悼の意を表わし、遺跡を保存し、名称を『朝鮮村』と改める。中国人民政府は、信宇公司（信宇会社）が『朝鮮村』に対し、保護のための開発を行ない受難同胞を末永く追悼することに同意する。韓国人民と受難者遺族は、中国政府と人民の義挙に感謝を表わす。／中韓両国人民の友情は永遠である。／信宇農業総合開発有限公司（会社）拝／一九九九年九月一日」。

記念碑が建立された一九九九年に南丁千人坑で収集された犠牲者の遺骨は一柱ずつ骨壺に収められ、千人坑の現場に建設された朝鮮人遺骨館に安置された。収集された遺骨の中には、手錠をはめられている遺骨もあった。

南丁千人坑の現状

蒲学輝さんから南丁千人坑についていろいろと説明を受けたあと、「日寇《にちこう》時期受迫害朝鮮同朋死亡追慕碑」と刻まれる記念碑の前に設置されている献花台の上に、三亜市内で準備してきた花束と、「不忘悲痛之事実／反省・追悼・和平」と記した書（色紙）を供え、犠牲者追悼式を行なう準備を整える。そして、千人坑と記念碑に訪中団のそれぞれが向き合い、犠牲者を追悼し再び侵略しないことを誓う言葉を野津喜美子さんが中国語で読み上げる。その様子を、数名の地元の人たちが見守っている。

犠牲者追悼式を行なったあと、正面から見て右側の奥にある鎮守の森のようなこぢんまりした樹林の背後に建てられている朝鮮人遺骨館を確認する。遺骨館は、正面の幅が一〇メートル、奥行は五メートルほどの広さで、赤レンガを積み上げて建てられていて、かなり大きな長方形のブロック（化粧板）で赤レンガの表面が覆われている。遺骨館の正面に、「迎楽斎《インルオザイ》」（喜びを迎えるところ）と記された木製の銘板が掲げられている。

建屋正面の左側の扉を開けて遺骨館に入り室内を確認する。屋内には、遺体をすっぽりと収容できる大きさの棺桶のような透明の容器が七基と、まさに壺という形状の高さ一〇センチくらいの白い骨壺が四〇〇個

朝鮮人遺骨館
南丁千人坑の樹林の奥にある。その前で地元の女性が豆類を収穫している。

朝鮮人遺骨館の骨壺
400 個ほどの骨壺と 7 基の棺桶状の容器が保管されている。

ほど収納されている。

　棺桶のような透明の容器の中には、それぞれの底面に厚さ一〇センチほどの土が入っていて、その土の上に遺骨が並んでいた跡が残っているように見えるが、遺骨そのものは容器の中には入っていない。容器の中に一旦は収められ遺骨館に安置された遺骨が盗み取られてしまったのだ。いろんな人が様々な理由で遺骨を盗み取るということだ。そうであれば、骨壺の中の遺骨も多くが盗み取られているのではないかと思われるが、ふたを開けて確認するのははばかられるので、骨壺の中は確認しなかった。

　棺桶のような容器の前に設置されている台の上には、燭台が二つと線香立てが一つと骨壺が一つ置かれていて、線香立てには、燃え残った線香がたくさん残っている。建屋の内側の壁面は赤レンガを積み上げたままになっていて、地元の小学生らが参観にやってきたときの記念写真などが何枚か掲げられている。

　さて、南丁千人坑に到着しバスから降りた時は、雑草が生える「草原」が一面に広がっているのだと思ったが、実は、記念碑や遺骨館の周囲など千人坑のまさにその場所で地元の人が豆類などを栽培していることに後で気づいた。千人坑を「畑」にして栽培している作物が、最初は、草原に生えている雑草に見えただけだ。私たちが訪れたときも、ちょうどほど良く育った豆類を一人の女性が収穫している。大量の遺体が埋められ、遺骨がまだ少なからず残っているだろうその土地を畑にして作物を栽培することは、日本人の感覚だと少々はばかられるように思うが、遺骨に対する考え方が日本人と中国人では少し異なるようだ。

　案内してくれた蒲学輝さんに菓子などの御土産を渡し感謝と御礼の気持ちを伝え、午後四時ころに南丁千人坑を出発する。次の目的地である田独鉱山も三亜市街から近い郊外にあり、南丁からはそれほど遠くはない。

第五章　田独鉱山万人坑

田独鉱山万人坑記念公園

南丁千人坑を午後四時ころに出発してから二〇分くらいで田独に到着し、田独の町並に入ったところで訪中団のバスが停車する。そこに、田独鉱山を案内してくれる田独村共産党委員会の呂鵬さんがすぐに来てくれ、さっそく訪中団のバスに乗車する。呂鵬さんは、黄色と白色の横縞の派手な半袖シャツを着ている。

呂鵬さんが乗車したあと、田独の町並の中を通って一分か二分くらい走ると、田独鉱山万人坑記念公園の入口に到着する。ここでバスから降りて周辺を見渡すと、記念公園があるこの辺りが、田独の旧来からの集落と新興開発地区の境になるようで、私たちのバスが今通ってきた細い道路の方には、平屋か二階建てくらいまでの普通の戸建ての住宅が建ち並ぶ昔からの町並がある。

一方、記念公園から先の反対側は、大規模な開発が今まさに進行中というところで、幹線道路用に確保された相当に幅の広い用地をはさんだ向かい側は高層ビルがそれこそ何十棟も建設中で、膨大な数のビル群と同時に、相当に幅の広い幹線道路も建設中だ。高層ビルが次々に建設されるようすは中国のいたるところで

田独万人坑死難鉱工記念碑
2001年に建立された白い新しい記念碑。

見ることができるが、田独のこの開発地区も相当にというより驚くほど大規模なようだ。

さて、田独万人坑記念公園の入口にある門の前に高さ一メートルほどの石碑が設置されていて、「海南省文物保護単位／田独万人坑／海南省人民政府／一九九四年七月二日公布」と刻まれている。

記念公園入口の門を通り抜け、両側に住宅が建ち並ぶ小路を三〇メートルほど進むと、その先に、高さ五メートルくらいの白い記念碑が建っている。一〇メートル四方くらいの広さで高さは一メートルほどの台座の上に設置されているこの白い記念碑は二〇〇一年に建立されたもので、正面に大きな文字で「田独万人坑死難鉱工記念碑」と刻まれている。

この白い記念碑は、五〇メートル四方くらいの広さの記念公園の中に建立されているが、記念公園の中は背丈の低い雑草が一面に生えているだけで、きれいに整備されているわけではないようだ。

そして、記念公園の中には別にもう一基、一九五八年に建立された小さい記念碑がある。石で作られた高さが二メー

田独鉱山万人坑記念公園
手前左側の古い記念碑から新しい記念碑の方をながめる。その背後に、建設中の高層ビル群が林立している。

トル少々のその記念碑は黒っぽい色をしていて、正面に「日寇《にちこう》時期受迫害死亡工友記念碑」と刻まれ、その刻まれた文字が赤く塗られている。

記念公園の周囲は、赤レンガを積み上げて作られた高さ一メートル半ほどの塀に囲まれているが、塀の外側には椰子の木が生い茂り、椰子の樹林で公園が囲まれるようになっている。海南島の北側は亜熱帯海洋性気候であるのに対し、三亜がある島の南側は熱帯気候に属するということだが、椰子の樹林で囲まれるこの公園は、ここが熱帯気候の地であることを感じさせる。

雑草に覆われる記念公園の中に設置されている古い方の記念碑の辺りから新しい白い記念碑の方角を見ると、建設工事が進行中の高層の建物群が林立しているのが、椰子の樹林越しに間直に見える。ほんの数年前と比べても、周囲の様子は様変わりしているのだろう。

記念公園のようすをひとわたり見渡したあと、新しい大きい記念碑の前で、田独鉱山の強制労働で犠牲になった人々の追悼式を行なう。やり方はいつもと同じで、花束と書（色紙）を供え野津喜美子さんが追悼文を中国語で読み上げる。

石原産業海運による田独鉱山開発

アジア太平洋戦争中に日本の支配下に置かれた海南島では当初から鉱業開発に力点が置かれていたことは、石碌鉱山の開発について説明する中で既に示してきたことである。そのような時代に田独鉱山はどのような存在であったのかを知るため、柴田善雅氏の『海南島占領地における日系企業の活動』[注07]から、田独鉱山の開発に関わる箇所[注23]を引用し、ここで紹介しておこう。

「（海南島にある）規模の大きな鉱山として、石原産業海運が開発した田独鉄山がある。マラヤの鉄鉱業開発で大きな実績を上げた石原広一郎は、１９３８年12月に海軍に呼ばれ、海南島占領前に海南島鉱山開発投資への協力を求められていたという。

１９３９年４月《ママ》（２月？）の日本軍の海南島占領当時、たまたま広東にいた石原産業海運の資源調査員に海南島の資源調査の特命がなされた。そして１９３９年４月２日に石原産業海運の調査員が海南島に上陸し、各地の調査を開始した。楡林田独村に有力な鉄鉱山があるため、５月６日に、その操業価値の有無について調査を命じられ、石原広一郎を先頭に調査を行ない、その結果、操業の価値ありとの報告を行なった。それを踏まえ同年５月15日に石原産業海運は、その事業の開発担当者に選定された。

石原産業海運は直ちに開発準備に着手し、１９３９年８月中旬に第１期建設工事を起工し、１９４０年６月５日に工事完了し、６月11日より出鉱を開始した。採掘された鉱石を運搬するため、山元から楡林内港まで単線の軽便鉄道で運搬し、さらに桟橋から艀《はしけ》で沖合碇泊の本船まで運んで積み込み、同社の船も鉱石搬出に動員した。この鉄道・港湾建設には、先述のように清水組が当たった。

その後の埋蔵量調査で田独鉱山が優良なことが判明したため、さらに第2期工事を続け、1941年9月に完了した。これには、軽便鉄道の複線化と2キロの延伸、本船横付け桟橋の構築も含まれるようである。その後も命令により、鉄鉱石100万トンの出鉱を目標とし第3期工事に取り掛かり、1943年2月末に完了し操業を拡張した。

田独鉱山では、露天掘りにより4年間の採掘を続け、埋蔵量500万トンと見積もられた鉱石のうち採掘容易な部分については1943年度でほぼ採掘を終えた。

石原産業海運は1943年6月26日に石原産業株式会社に商号変更し、鉱石の海上輸送部門を石原汽船株式会社に移し、そのまま事業を継続した。

1944年後半には鉱石搬出の配船激減となり、また海南島内の食糧事情悪化のため、1944年12月に海南島当局は石原産業に採掘量制限を求め、余剰となる労務者を帰農させる命令を出した。1945年2月末までに累計269・1万トンを採掘していた。1945年1月18日に採掘の全面停止命令を受け、作業は中止となった。

採掘中止となる前に、石原産業はその他の事業に拡張を行なう。すなわち、1944年12月に軍政当局より陶器製造の命令を受け、北九州から資材の搬入を予定したが、海上輸送の逼迫により実現できなかった。そのほか同社は、海南薬品工業株式会社への輸送支援を行なった。

田独鉄山は、海南島からの搬出困難に伴う地場の製鉄および機械等修理のため潮見工場を設置し、ボルネオで事業を中止した製鉄用機械の転用、電気炉および工作機械の調達を行なう方針としたが、小型溶鉱炉は、到着前に海没する等の事故の発生で、自前で製造せざるを得ない状態に追い詰められていった」(注―数字の表記と送り仮名と読点の一部を変更し、改行を適宜追加した)。

田独鉱山の強制労働と万人坑

前項で引用している柴田善雅氏の論文により、石原産業海運による田独鉱山経営の概要は把握できるが、採鉱作業の現場における具体的な情況は分からない。そこで本項で、田独村共産党委員会の呂鵬さんから田独鉱山の現地で受けた説明を基に、日本の侵略下におかれた田独鉱山で何があったのかを確認しておこう。

前項の「石原産業海運による田独鉱山開発」に記しているように、一九三九年五月に田独鉱山の開発を許可された石原産業海運は、鉱山開発と関連施設の建設工事に直ちに着手する。そして、一九四〇年六月には田独鉱山から鉄鉱石の出鉱を始め、一九四五年二月までに二七〇万トンの鉄鉱石を採掘した。

この六年間に田独鉱山で鉄鉱石の採掘作業を実際に担わされたのは海南島の民衆だけではない。上海・広州・厦門《かもん》・汕頭《さんとう》・香港など中国本土の各地と台湾・インド・朝鮮から強制的に連行されてきた人々も作業を担わされた。

労工として徴用されたこれらの人々に対する扱いは非道なものであり、劣悪な生活条件の下で過酷な労働が強制される。その結果、石原産業海運が田独鉱山の鉄鉱石を略奪している六年間に、過労と飢えによる衰弱と病気や事故や暴行や虐待により一万人近くの労工が死亡する。そして、犠牲者の遺体は、鉱山に近い山中や原野の人目に付かないところに捨てられ、田独鉱山万人坑が形成された。

田独鉱山万人坑記念公園に二〇〇一年に建立された記念碑の裏面には小さな文字で次のように刻まれている。

「〝田独万人坑〟遺跡／簡単な説明／〝田独万人坑〟は、一九三九年から一九四五年まで日本の侵略者が奴隷労働を強制し、一万人近くの鉱工を殺害した犯罪の遺跡である。日本の侵略者が田独鉄鉱を略奪している六年間に、朝鮮・インド・台湾・香港などの各地および我が省（海南省）の各市・各県で捕まえられた多数の労工がこの地で奴隷労働を強制され、苦しみの中で死亡した。現在の頌和《しょうわ》ダム（により形成されたダム湖）の範囲が、当時犠牲になった鉱工を埋葬したところである。一九九〇年に三亜市人民政府は市級文物保護単位として公布する。一九九四年に海南省人民政府は省級文物保護単位と定める」。

頌和《しょうわ》ダム湖に水没した田独鉱山万人坑

田独鉱山万人坑記念公園は、頌和《しょうわ》ダムにより出現したダム湖の周囲に構築された堤防のすぐ下にある。犠牲者追悼式を行なったあと、私たちは記念公園を出て椰子の樹林の脇を通り、頌和ダム湖の堤防に上る。その上がったところに、高さ一メートル半ほどのがっしりとした標示板（表示台）が設置してあり、「頌和ダム／注意安全、遊泳・爆破禁止／吉陽鎮人民政府／二〇一四年三月十八日」と記されている。

堤防の上に立つと、この辺りの様子がよく分かる。堤防はほぼまっすぐに延びていて、長さは三キロか四キロくらいあるのだろうかかなり長大で、その両端は山に突き当たっているようだ。

頌和ダム湖
ダム湖の左方のかなり先に頌和ダム本体の堤体が見える。

この堤防の内側に、頌和ダムで作られた広大なダム湖が満々と水をたたえ、ダム湖の周囲は、私たちが上っている手前側の堤防部分以外は、緑の樹林が生い茂る山々で囲まれている。二キロか三キロほど離れている対岸にも緑の山々が連らなっているが、ところどころに集落があるようだ。ダム湖に向かって左方向のかなり先に頌和ダム本体の堤体が見える。かなり大きなダムのようだ。ダム湖の堤防に近い側の湖面には、地続きだが島のように見えるところがあり、そこで数名の人たちが魚釣りをしている。

堤防の外側の直下には、椰子の樹林がこんもりと生い茂るそう広くはない一画があり、私たちのすぐ目の前になるそこに田独鉱山万人坑記念公園が開設されている。

そして、堤防の外側には平坦地が広がり、堤防の直下から田独の町並が続いているが、記念公園を境にようすがまるで異なっていることは既に説明したことだ。つまり、堤防から外側を見るとき、記念公園より右側は従来からの町並であり、せいぜい二階建てまでの普通の戸建ての住宅などが並んでいる。

一方、記念公園の左側は、建設されたばかりの、あるいは建

頌和ダム湖

ダム湖に浮かぶ「島」で数名の人たちが魚釣りをしている。

設工事が進行中の高層の建物が何十棟も林立し、旧来からの町並との境に、幅が三〇メートル以上はありそうな道路用地が二つの区域を分けるように延びている。二つの異なる区域を分離するように延びるその道路用地は、堤防に突き当たったところで新しい開発区の方に曲がり、堤防の直下を進んでいく。この辺りの景観を全く変えてしまう新しい高層の建物群だが、その色合いは薄い黄土色に統一されているので、それだけは少しほっとする感じだ。

　さて、田独鉱山の強制労働で犠牲になった労工の遺体は、当時であれば目の前のダム湖の辺りに広がっていた原野や山中に捨てられ田独鉱山万人坑が形成された。その万人坑の地は、頌和ダムにより出現するダム湖で水没する予定の地域の中にあった。しかし、頌和ダムが竣工するのは半世紀以上前の一九五八年のことであり、貴重な史跡である万人坑を保全する余裕が、建国後間もない当時の中国にはなかったのだろう。田独鉱山万人坑は、発掘など詳しい調査がされないまま頌和ダム湖の底に沈められてしまう。そしてダム湖のすぐ脇に、万人坑のせめてもの証として、「日寇《にちこう》時期受迫害死亡工友記念碑」と刻まれる小さな記念碑が、頌和ダムが竣工する一九五八年に建立された。

今、頌和ダム湖の堤防の上に立ち広大な湖面を見ていても、万人坑がどの辺りにあったのか分からないが、記念碑が建立されている現在の記念公園のあたりには古くから集落があったので、そこからはかなり離れた人目に触れないところが「人捨て場」にされ、万人坑の地にされたのだろう。

田独鉱山露天掘り鉱

頌和ダム湖の堤防のすぐ前に建ち並ぶ真新しい高層ビル群の裏側に田独鉱山の露天掘り鉱の跡があり、田独万人坑記念公園から三〇〇メートルくらいの距離なので歩いてすぐに行けるとのことだ。

呂鵬さんに案内されついて行くと、高層ビル群の裏側にも幅の広い道路建設用地が延びていて、その先に未開発の丘陵地が続く。その丘陵地の道路予定地に近いところに、四〇〇メートル走路を備える陸上競技場が数個は収まりそうなくらいの広さの池がある。その辺りは、地下一〇〇メートルくらいのところに鉄鉱石の鉱脈があり、日本の侵略下におかれていた当時は、今は池になっているところに、幅八〇メートル・深さ一〇〇メートルくらいの露天掘り鉱があったとのことだ。今はそこが池になり、かつての露天掘り鉱は水没している。

さて、その池だが、開発地区に近い手前側の相当に広い水面部分が白い発泡スチロールなどのゴミでびっしりと埋め尽くされている。ゴミが風で吹き寄せられているのであり、池の水面が見えるのはかなり先の方になる。その手前側のゴミのただ中に浮かぶ小さいボートに人が乗っている。ゴミの山の中で何をしている

露天掘り鉱の跡

かつての露天掘り鉱が池の底に水没している。手前側の水面はゴミで埋め尽くされている。

高層ビル群

露天掘り鉱の跡の池を埋め尽くすゴミの山と、開発区に林立する高層ビル群。

のだろうと思う。ゴミ集積場でもないところにこんなに多量のゴミが散乱しているのを見るのは初めてだと思うが、これには相当にげんなりする。

そのゴミで埋まる池と、緑の樹林で覆われる未開発の自然の丘陵地と、今まさに造られつつあるピカピカの高層ビル群を、万人坑が作られた惨劇の地で同時に見ることができるのに複雑な想いを感じる。そのような丘陵地と現代的な建物群の間を数十頭の牛が歩いている様子も、日本ではなかなか見ることができない光景だ。

呂鵬さんが案内してくれるのはここまでだが、万人坑と鉱山跡をきちんと保存すべきだと李秉剛さんが指摘すると、考えてみると呂鵬さんが答える。貴重な史跡がきちんと調査され保全されることを願わずにはおれない。

最後に、ちょっとしたお土産を呂鵬さんに手渡し御礼の気持ちを伝える。そして、開発地区の中で呂鵬さんと別れ、午後五時一〇分くらいに田独を出発する。訪中団のこの日の予定はこれで終了なので、宿舎となるホテルがある三亜に向かう。

第六章　陵水后石村万人坑

陵水黎族自治県后石村へ

海南島訪問第四日目の一一月一五日は、三亜市の東方に位置する陵水黎《り》族自治県に移動し、日本軍陵水飛行場跡がある三才鎮后石村を訪ねる。そのあと、陵水の北東方向に位置する万寧市に向けて海岸線沿いに移動し、三・二一惨案で甚大な被害を受けた月塘村を訪ねる予定だ。

訪中団一行は午前八時半に三亜のホテルを出発して東方に進み、一〇時ころには陵水の市街地に入る。そして、一〇時一〇分に陵水黎族自治県人民政府の庁舎の前に到着する。庁舎の立派な門には、人民政府の看板と並んで中国共産党陵水黎族自治県委員会の看板も掲げられている。

この門の前に、これから后石村を案内してくれる劉忠さんと龍敏雄さんがすぐに来てくれる。二人とも陵水黎族自治県史誌弁公室の職員で、劉忠さんは黎族、龍敏雄さんは混血の漢族ということだ。ちなみに、陵水黎族自治県の人口は三七万人で、そのうち五三パーセントを黎族が占めている。

あいさつもそこそこに二人に早速バスに乗ってもらい人民政府庁舎を出発し、后石村のとある民家の前に一〇時三〇分ころに到着する。ここでバスを降り、民家の庭先を通り抜ける。あとは、畑の中を通る細い小路を歩き、目当ての記念碑の前に五分くらいで到着する。広々とした畑が広がる中だ。

陵水后石村万人坑

陵水后石村の畑の中にある記念碑は、高さが一メートルほどの板状の石で作られていて、畑の中を通る細い小路の脇にひっそりとポツンと設置されている。その記念碑の正面に、「紀念被日寇《にちこう》殺害之同胞／（大きな文字で）受難同胞永垂不朽／四四四二部隊　一九七〇年十二月廿日立」と刻まれている（注―「永垂不朽」は「永遠に不滅である」の意）。

「受難同胞永垂不朽」と刻まれるこの記念碑は、何も知らなければ見過ごしてしまうような目立たない存在だ。その小さな記念碑の前で劉忠さんと龍敏雄さんが話してくれたことをここでまとめておこう。

一九四四年から一九四五年にかけて海南島南部の陵水地区で、日本軍の軍用飛行場や道路の建設工事が行なわれた。これらの土木建設工事は、日本軍から工事を請け負う日本の民間企業が施工したが、地元の人たちはその企業名を「株式会社」だと証言する。当時の人々は、「株式会社」が企業名だと思っていたのだ。

建設工事に従事させられる労工は、主に中国本土（大陸）から連行されてくる中国人だが、朝鮮や台湾で徴用され報国隊に組織されて連行されてくる人々もいた。これらの人たちが、わずかな食料しか与えられないなど劣悪な生活条件の下で、夜間も働かされるなど過酷な労働を強制され、過労や虐待などで五〇〇〇人以上が死亡する。犠牲者の遺体は、飛行場建設地の近くに溝（穴）を掘って埋められた。こうして、多数の

陵水后石村の記念碑
中国海軍四四四二部隊が1970年に設置した高さ1メートルほどの記念碑。

人々が犠牲になる凄惨な土建工事が強行されたが、飛行場が完成する前に日本が敗戦を迎える。

日本の敗戦から二五年後の一九七〇年一二月二〇日に中国海軍第四四四二部隊が、犠牲者を追悼するとともに陵水の惨劇を伝える教育拠点とするため、犠牲者の遺体が埋められた万人坑の地に、「受難同胞永垂不朽」と刻まれる現在の記念碑を設置した。

陵水の飛行場建設などで一年半の間に五〇〇〇人以上もの無辜の人々が犠牲になり后石村のこの辺りに埋められたのだが、その惨劇を伝えるのは、中国海軍四四四二部隊が設置した高さ一メートルほどのこの小さな石の記念碑だけだ。この小さな記念碑以外にここが惨劇の地であることを示すものは、この辺りには何も見当たらない。記念碑の周辺には農業用のビニールハウスがたくさん並び、その周囲に広大な畑がただ広がるばかりだ。

この記念碑から八〇〇メートルほど離れたところに日本軍飛行場の跡地があるが、日本の侵略下で造られた長さ一〇〇〇メートルの土の滑走路は今はもう残っていない。ま

陵水后石村万人坑
写真右側に見える小さな記念碑以外に、ここが惨劇の地であることを示すものは何もない。

た、飛行場跡地は、現在の人民解放軍が駐屯している敷地内にあるので、一般の人が立ち入ることはできない。

ところで、今の若い人たちの中に、アジア太平洋戦争の時代に海南島にやってきた日本人を祖父たちが追い出さなければ、海南島の経済が発展し暮らしが豊かになっていたと言う者がいる。そう言われた人は怒りを抑えきれず、その若者を叱ったが、日本の中国侵略あるいは海南島侵略がどれほどの惨禍をもたらしたのかを知らない若者がたくさんいるということだ。

陵水后石村万人坑の現地で、陵水黎族自治県史誌弁公室の劉忠さんと龍敏雄さんから一通り説明を受けたあと、小さな記念碑の前で犠牲者追悼式を行なう。これまでと同様に花束と書（色紙）を記念碑の前に供え、犠牲者を追悼し二度と過ちを繰り返さないことを誓う言葉を野津喜美子さんが中国語で読み上げる。

陵水市街に残る日本軍駐留の跡

午前一一時に后石村を出発し、陵水市街にある人民政府庁舎に十数分で戻る。

さて、人民政府庁舎は、七〇年ほど前に日本軍が駐留していた「史跡」だが、その周辺に、日本軍が駐留していた当時の史跡がたくさん残っていた。しかし、開発の波は陵水にも大きな影響を与えていて、古い街並や史跡はどんどん潰されている。人民政府庁舎の近くにあった日本海軍の兵営も取り壊されてしまった。お金が一番に優先される時代に、金にならない史跡を保護して残すのは難しいとのことだ。

それでも、人民政府庁舎の周辺には、日本軍が駐留していた当時の史跡が今もいろいろと残っているとのことなので、劉忠さんと龍敏雄さんに案内してもらい、幾つかの史跡を歩いて見て回る。

人民政府庁舎周辺の道路の配置は昔のままで、日本兵の宿舎として利用された建物がたくさん残っている。三階建ての建物と同じくらいの高さがある給水塔は、当時の姿をそのまま残している。カマボコのような、円柱を半分に割った形状の武器庫も残っている。

周辺を一回りして人民政府庁舎に戻ると、陵水黎族自治県地方史編纂委員会が編集し二〇〇七年に出版された『陵水県史』という大型の豪華本を劉忠さんと龍敏雄さんが訪中団に寄贈してくれる。

この日は土曜日で休日なのに「出勤」して対応してくれたことへの感謝の気持ちを、本の御礼と併せて劉忠さんと龍敏雄さんに伝え、一一時四〇分ころに陵水の人民政府庁舎を出発する。

第七章　月塘村三月二一日惨案

陵水から万寧・月塘村へ

一一月一五日の午前一一時四〇分ころに陵水を出発した私たちは、海南島南東部の海岸線沿いを通る高速道路を利用して北東方向に進み万寧市に向かう。海南島（省）では、高速道路を利用するのに特別な料金は不要で、入退場口に料金所の類はない。その分だけガソリン税が高く設定されていて、ガソリン税の収入で道路を整備しているとのことだ。

高速道路を走行中の一二時ころにトンネルを通過するが、このトンネルが貫通している山脈の南側は熱帯気候に区分されるのに対し、北側は亜熱帯気候に区分される。この日は、トンネルの南側では雨は降っていなかったが、トンネルを抜けるとかなり本格的な雨が降っている。気候帯の境目は合理的に設定されているようだ。

一二時三〇分ころには万寧市の市街地に入り、広い駐車場がある食堂に立ち寄り昼食をとる。この食堂に入る時には雨がまだ降り続いていたが、昼食をすませて食堂を出るころには雨はあがっている。

この食堂に、万寧月塘村共産党委員会書記の朱学第さんが迎えに来てくれ、午後一時四〇分ころに食堂を出発し、朱学第書記が乗車する乗用車に先導され月塘村に向かう。そして午後二時ころに月塘村の集落の入口に着く。

集落の入口で私たちはバスを降り、集落の中を通る細い小路を歩いて三・二一惨案記念碑に向かう。月塘村も雨が上がったばかりのようで、樹木や小路がしっとりと濡れている。集落には椰子の木が多いので、南方の熱帯地方に来ていることを印象付けられる。菅笠をかぶり、小枝を束ねたホウキで路地を掃いている女性を見ると、なんとなくなつかしいという気にさせられる。村の子どもたちは、見知らぬ外国人（日本人）が集落を通るのを、少し離れたところからながめながら、何やらニコニコと話をしている。放し飼いの鶏は黒や赤茶色のが多く、丸々と太り元気そうだ。

集落の中ほどに月塘村共産党委員会の事務所がある。白色の二階建てで、なかなか立派な建屋だ。この先にある三・二一惨案記念碑を確認し犠牲者追悼式を済ませたあと、私たちはこの共産党事務所に戻り、三・二一惨案の幸存者《こうぞんしゃ》（虐殺などの災禍を免れた生存者を中国では幸存者と呼ぶ）から証言を聞かせてもらうことにしている。

三・二一惨案記念碑

月塘村の集落の入口から二〇〇メートルか三〇〇メートルくらい集落の中を進むと、草原が広がり林や池がある広々としたところに三・二一惨案記念碑が見える。そこは集落の外ということではなく、記念碑の周

三・二一惨案記念碑

高さ5メートルくらいの記念碑の正面に「三・二一惨案記念碑」と刻まれている。

辺にも民家が何軒か建っている。

三・二一惨案記念碑は、高さ五〇センチくらいの石造りの柵に囲まれる、一〇メートル四方くらいの広さの敷地の中に建立されている。高さが五メートルくらいある記念碑本体は、四角柱状で太い下段の土台部分の上に、少し細い四角柱状の上段部分を載せる構造であり、セメントを固めて造られているようだ。上段と下段のそれぞれの四面に白い石の板がはめ込まれ、上段の正面側に赤い大きな文字で「三・二一惨案記念碑」と刻まれている。記念碑の下段の正面側には、赤い小さい文字で三・二一惨案の史実が刻まれている。また、下段の左側面には、犠牲者一人一人の名前が赤い小さい文字でびっしりと刻まれている。

記念碑下段の正面部に刻まれている三・二一惨案のあらましをここで確認しておこう（原文は中国語、青木訳）。

月塘村「三・二一」惨案碑誌

三・二一惨案記念碑
日本人が犠牲者追悼式を行なうのをバイクの青年らが見つめている。

一九四五年旧暦三月二一日（新暦五月二日）、中国を侵略する日本軍は月塘村に対し、殺しつくし焼きつくし奪いつくす「三光」政策を実行し、世間を驚愕させる「三・二一」惨案を引き起こした。

その日の明け方、万城に駐留する日本軍は、わずかな武器すらも持たない月塘村民に対し、残虐きわまりない大虐殺を実行した。

日本軍のやり方は極めて惨忍であり、人を見つければ直ちに殺害する。近くにいる者には剣（刀）を突き刺し、遠くにいる者は銃で撃つ。ある村民は立ち木に縛り付けられ、生きたまま標的にされて刺し殺され、ある者は身体の真ん中をノコギリで切断された。ある家族は一列に並ばされ、剣（刀）で一人一人切り殺される。女性を捕まえ、まず強姦し、そのあと殺害した。赤ん坊は捕まえられて地面に投げつけられ、肝脳地にまみれる（むごたらしく殺される）。あるいは、空中に投げ上げられ（下から）銃剣で突き刺された。多くの人がそれぞれ十数カ所も剣（刀）で刺され、少なからぬ家族は全員が殺された（家系が途絶えた）。九人（二家族）の遺体は、殺されたあと十数日も誰も埋葬できなかったので、腐乱し異臭を放つ……。

大虐殺は約三時間続き、殺害された無辜の村民は一九〇人（そのうち村外の者が四人）、負傷した者が三三人になる。その他に、焼失家屋が三〇間《けん》（中国では家屋の被害は部屋数で表す）、略奪された家禽（鳥）と家畜とその他の財物は数えきれない。そのとき、村中に血が流れ河になる。黒い煙がたちこめ、あたり一面が見渡す限りの廃墟にされた。

家を壊され人が殺される大災禍の後の月塘村で、身寄りもなく路頭に迷う人は（悲しみのあまり）天に向かって叫び、地に額を打ちつける。その情景は悲愴の極みだ。

この惨案を記憶する（忘れない）ため、月塘村民はこの日を「亡日」と定め、追悼の祭事を行ない、惨禍を受けた同朋に哀悼の意を表わす。

現在は繁栄の時代になっているが、私たちはこの記念碑を建立し、まず受難同胞を永遠に追悼し、次に世の人々に、国恥を忘れず国と故郷を愛し強くなり奮闘し歴史の悲劇を繰り返さないよう警鐘を鳴らす。

月塘村民委員会
「三・二一」記念碑建立委員会
二〇〇七年十月

三・二一惨案のあらましと犠牲者一人一人の名前が刻まれている三・二一惨案記念碑の前にこれまでと同様に花束と書（色紙）を供え、犠牲者を追悼し再び侵略しないことを誓う言葉を野津喜美子さんが中国語で読み上げ、犠牲者追悼式を行なう。

その周りに、村の大人が数名と一〇名近くの子どもが集まり、日本人が記念碑の前で犠牲者追悼式を行なうのを見ている。その中に、バイク（二輪車）でやってきた青年がいる。そして、この青年が、日本が行なった暴虐に怒りをあらわにしていたことを後で聞かされる。一方、興味津々という感じで日本人を見ている子どもたちは、元気で明るくてくったくがない様子だ。

三・二二 惨案幸存者の証言を聞く

三・二二惨案記念碑の前で犠牲者追悼式を済ませたあと、来た小路を引き返し、「中共万寧市万城鎮月塘村支部委員会」と赤い文字で記される大きな看板と、「万寧市万城鎮月塘村民委員会」と黒い文字で記される大きな看板を掲げる中国共産党の事務所に戻る。白い二階建てのかなり立派な建物は、落ち着いた雰囲気の集落の中では相当に目立つ存在だ。

日本人の私たちを取り巻く子どもたちは一二名になり、ものおじしないで私たちに近寄ってきてはしゃいでいる。その子どもたちに共産党事務所の入口の前に並んでもらい記念写真を写す。子どもたちの天真爛漫なくったくのない笑顔を見ると本当に嬉しくなる。

そのあと私たちは、月塘村共産党委員会事務所の二階にある会議室に入る。この会議室はかなり大きな部屋で、片側に一〇人くらいは並んで座れる細長い長円形のがっしりした机が部屋の中央に置かれている。壁面には書架が並び、本や資料がびっしりと並んでいる。

月塘村の子どもたち
この子どもたちに悲しい思いを二度とさせてはならない。

さて、三・二一惨案について説明を受け幸存者から証言を聞く会合に月塘村側から出席するのは、それぞれの立場で惨案と関わっている朱学基さん・朱小平さん・朱西栄さん・朱振華さん・朱建華さん・朱進春さんと、月塘村共産党委員会書記の朱学第さんの七名だ。この七名と通訳の覃啓傑さんが机の片側に着席する。机の反対側には、私たち訪中団と通訳の陳明柳さんが着席する。

月塘村三・二一惨案の全貌

会合の進行役を務めてくれるのは現在（二〇一四年）七五歳の朱学基さんで、月塘村側の出席者を代表して日本からの訪中団に歓迎のあいさつを述べたあと、続けて、三・二一惨案の全貌を次のように説明してくれる。

一九三七年七月七日の七七事変（盧溝橋事件）を口実に対中国全面侵略を開始した日本は、一九三九年二

月塘村での会合
左側から着席順に、朱学基さん、覃啓傑さん（通訳）、朱小平さん、朱西栄さん、朱振華さん、朱建華さん、朱進春さん。

月に海南島に上陸し海南島に対する攻撃を始め、同年八月に万寧が占領される。そして、万寧の人々は侵略者の日本軍に酷い目にあわされ、農民らは悲惨で苦しい生活を強いられる。圧迫されれば反抗が起こるのは当然のことだが、反抗するそれぞれの村の人々は日本軍に攻撃され次々に鎮圧されていく。

その当時の、今から七〇年ほど前の月塘村は、一〇〇戸・六〇〇人くらいの住民が暮らしている農村で、村の入口に池があった。主に農業を営み暮らしている月塘村の人々は、祖国である中国を大切に思い、二十数名の若者が革命組織に参加するなど多くの人々が革命を支持し一生懸命に頑張っていた。

さて、月塘村三・二一惨案の前日になる一九四五年三月二〇日（旧暦）の夜、月塘村に近いところで国民党軍の部隊と共産党軍の部隊が遭遇し、小規模な戦闘が発生する。その戦闘で負傷した国民党軍の一人の兵士がカゴに乗せて担がれ、国民党軍の仲間の兵士と共にどこかに向かう。

その途中で、国民党軍の兵士と負傷兵は夜明け頃に月塘村を通りかかる。そして、月塘村の集落の中ほどにある朱学英の家の前で、三〇名くらいの日本兵の一群と偶然に出くわし戦闘になる。この戦闘で劣勢においった国民党軍の兵士は、負傷兵を残したまま逃走し、その後の行方は分からない。

朱学英の家の門口の前に取り残された国民党軍の負傷兵は、路上にいるところを日本兵に見つかり捕まえられる。そして日本兵は、捕まえた国民党軍の負傷兵を共産党員だと判断し殺害した。

そのあと日本兵は、月塘村に対する攻撃を始める。月塘村は共産党とつながっていると判断したのだろう。日本兵は、子どもでも赤ん坊でも人を見つけたらすぐに殺し、逃げる者は射殺する。そして殺戮は三時間ほど続く。

殺戮のやり方はとても惨忍だ。例えば、小さな子どもを空中に投げ上げ、下から銃剣で突き刺す。また、子どもの身体をいったん持ち上げたあと、地面にたたきつける。女性を強姦したあと、性器に銃剣を突き刺す。

ある家族は全員が一列に並べられ一人ずつ殺された。ある若者は、抵抗したため立ち木に釘づけにされ、生きたまま刺殺訓練の標的にされた。朱学昆は、天秤棒を担ぐよう指示されるが、反抗したため立ち木に縛り付けられ、ノコギリで腰を切断された。

朱学平の家族は六人全員が殺され、遺体は十数日も放置されたので、家中がウジ虫だらけになり異臭が充満する。最後は、家を全部燃やして処理せざるをえなかった。こんな惨忍な話がたくさんある。

この三・二一惨案における日本兵の蛮行により一九四人が殺害され三三人が負傷し、さらに三十数間の家が焼かれた。こうして村中が死体だらけになり、その日の昼ころに大雨が降ると、村中の道が全て血の川になり、池は血だらけになる。三・二一惨案のあとは村民全員が村から逃げ出し、半年間は月塘村に住民が一人もいなかった。

解放後に、三月二一日を喪に服す日と定め、追悼行事を毎年行ない、若い人に惨劇を伝え教育している。そして二〇〇七年に記念碑を建立し、亡くなった人たちの名前を刻んだ。三・二一惨案で負傷した三三名の幸存者うち一四名は今（二〇一四年）も健在でいる。

幸存者らが集う会合の冒頭で、三・二一惨案の全貌を朱学基さんはこのように説明してくれた。

朱進春さんの三・二一惨案

三・二一惨案の全貌について朱学基さんが説明してくれたあと、幸存者の一人である朱進春さん（七八歳）が、自身が体験した三・二一惨案について次のように話してくれる。

惨案当時、朱進春さんは九歳で、本人を含めて九人家族で暮らしていたが、三・二一惨案で家族八人を殺害される。殺されたのは、祖父・祖母・父・母・弟・伯父（父の兄）・伯母（父の兄の妻）・いとこ（伯父の子）の八人で、朱進春さんは家族の中で一人だけ残されることになる。

事件の日、朱進春さんの当時四歳だった弟は日本兵の手で空中に投げ上げられ、下から銃剣で突き刺された。「私（朱進春さん）の目の前で弟が刺し殺されるのを見たら、胸が張り裂けそうに……」。

朱進春さんも日本兵に胸のあたりを正面から刺されるが、その場からは逃げ出し、背後から銃で撃たれながら他の部屋に逃げ込む。その部屋には十数人が先に逃げ込んでいて、後から来た朱進春さんは部屋の隅に

朱進春さん
9人家族のうち8人を殺害され一人だけ残された。自身も8カ所を刺された。

隠れる。しかし、追いかけてきた日本兵に全員が切り付けられ、銃剣でめった突きにされた朱進春さんは意識を失い昏睡する。

その日の夜になってから、昏睡していた朱進春さんの目が覚め意識が戻る。目が覚めたのは雨が降った後で、とても寒かった。同じ部屋に逃げ込んだ朱進春さん以外の十数人は既に全員が死亡していた。

事件の翌日、日本兵が再び村にやって来たが、朱進春さんは竹林の中に隠れて難を逃れる。他の村人は全員が村から逃げ出していて、付近には朱進春さん一人しかいなかった。

そのあと、どういう経緯でそうなったのか思い出せないが、おばさんが朱進春さんの傷口にカボチャの葉を当てて手当してくれる。当時は近隣に医者はおらず、民間の知恵としてカボチャは血止め薬として知られていて、カボチャの実を生のまま薄く切り傷口に当てるのが一般的だったということだ。朱進春さんは全身を八カ所刺され、銃弾が背から腹に貫通していた。

家族の遺体はムシロで包み、親戚の人に手伝ってもらって地面に穴を掘り、三日間かけて埋葬した。九人家族のうち八人を殺され一人ぼっちになった朱進春さんは、おばあさんのところで暮らすことになる。

途中でシャツをたくし上げ、今でも身体に残る傷跡を見せてくれながら、朱進春さんは自身の体験をこのように話してくれた。通訳をしてくれた覃啓傑さんは、四歳の弟が銃剣で突き刺される時のようすを朱進春さんが話すあたりで涙が止まらなくなり、しばらくは話すことができなくなってしまう。そのあと、覃啓傑さんは泣きじゃくりながら必死に通訳を続けてくれた。

朱建華さんの三・二一惨案

朱進春さんに続けて朱建華さん（六九歳）が自身の体験を話してくれる。朱建華さんは惨案当時は生後八カ月の赤ん坊であり、惨案について自身で憶えていることは何もなく、全て母から聞いた話だ。

三・二一惨案当時の朱建華さんは五人兄弟の末っ子で、両親・兄弟と伯父（父の兄）の家族といっしょに暮らしていた。

事件の日、朱建華さんの母がごはんを焚いているところに日本兵が現われる。揺り籠で眠っている朱建華さんや建華さんの兄（五人兄弟の四番目）を守るため母は必死に抵抗するが、腹を二カ所と頭を刺される。朱建華さんの兄は日本兵の手で空中に投げ上げられ、下から銃剣を背から腹に突き刺された。朱建華さん自身も四カ所を刺される。

朱建華さんの家族は三・二一惨案で、朱建華さんの兄（五人兄弟の四番目）と伯母（父の兄の妻）と四人

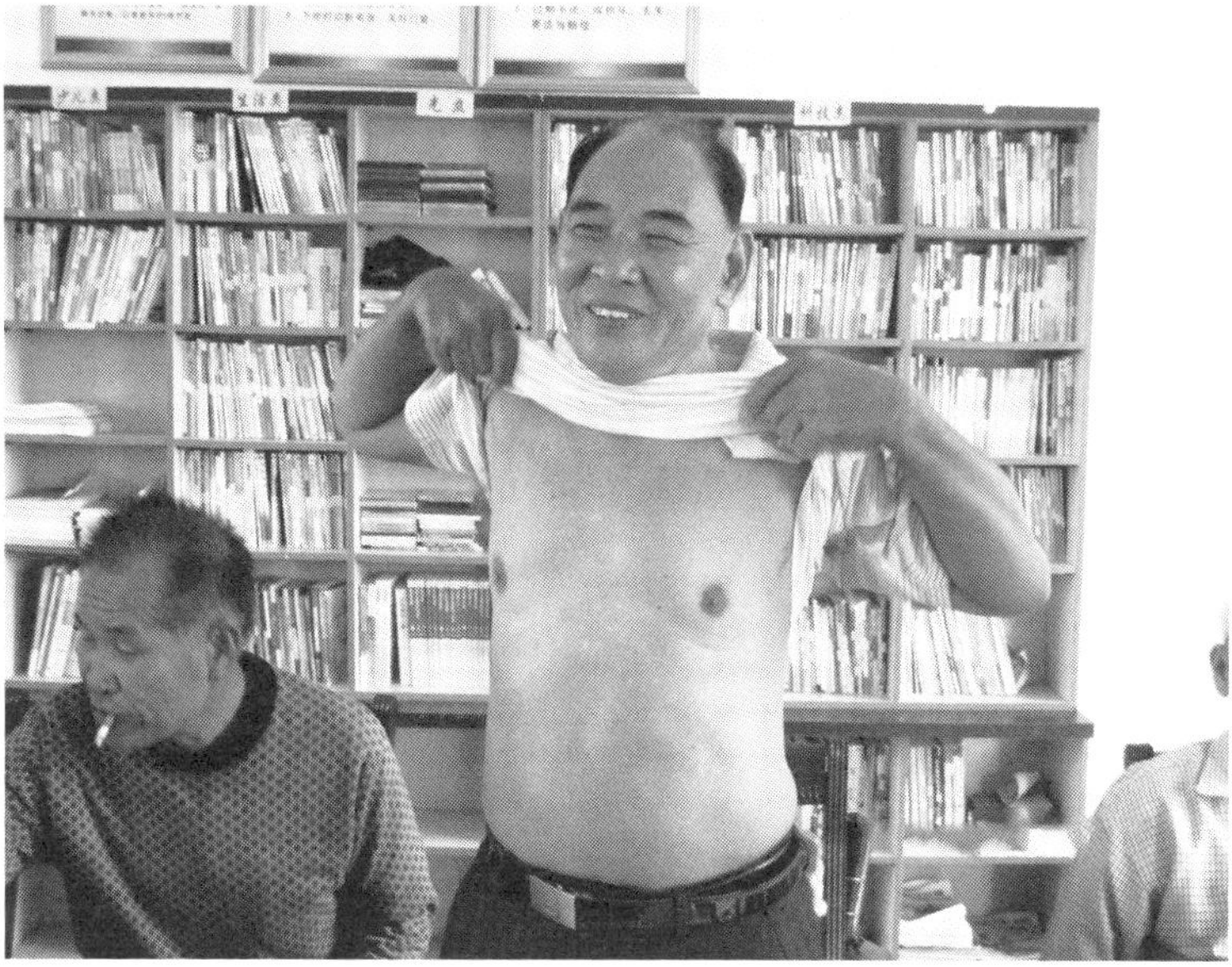

朱建華さん
惨案当時は赤ん坊だった朱建華さんは4カ所を刺された。身体に残る傷跡を見せてくれる。

のいとこ（父の兄の子）を殺された。そのうち八歳のいとこは、殺傷現場から逃げ出すことはできたが腹を刺されていて、水を飲むと腸がとび出してきて、そのまま死んだ。別のいとこは寝台の上で血まみれになって死んでいた。家族が暮らしていた家は火を放たれ、焼け落ちてしまった。

朱建華さんの母は三カ所を刺されたが命はとりとめ、日本兵がいなくなったあと母が朱建華さんを救い出してくれた。四カ所を刺された朱建華さんは、野生のパイナップルを薬にして治療してもらい、朱建華さんの傷はだんだんと治っていった。

途中でシャツをたくし上げ、今でも身体に残る傷跡を見せながら朱建華さんはこのように話してくれた。

月塘村民の想い

幸存者である朱進春さんと朱建華さんが証言して

くれたあと、会合に出席している人が今の想いを、時間が限られる中で手短に話してくれる。

朱西栄さん――「三・二一惨案で受けた心の傷は、月日の経過と共に治りかけていたが、安倍（安倍晋三／日本の首相）の登場でまた痛み出した。心の傷が新たにぶり返し、うずき始めたということだ。佐藤さん（佐藤正人さん／紀州鉱山の真実を明らかにする会）らが何回も月塘村に訪ねて来てくれる。三・二一惨案記念碑を建立する際にも多額の寄付をしてくれた。日本軍と国民党軍が月塘村で何故出会ったのか今もよく分からない」。安倍（首相）の登場で心の傷がぶり返したという朱西栄さんの話にビックリしたと、あとで李秉剛さんが感想を述べている。

朱学基さん――「月塘村で起きた惨劇と同じことが、中国の他のたくさんの村で起きた。日本が中国を侵略した歴史を中国は忘れない」。

朱振華さん――「三・二一惨案で受けた被害に対する賠償を日本政府に要求したい。損害賠償請求の手助けをしてくれる人が必要だ」。

朱振華さんは、『血と涙の記録／海南万寧月塘村三月二一日惨案特集』(注24)を四カ月前の七月に発行した人だ。発行して間もない労作『血と涙の記録』を朱振華さんは私たち訪中団全員に贈呈してくれ、私も数冊いただいた。ただし、記述に誤りが少しあるので訂正が必要であり、改訂版を別途発行するとのことだ。

『血と涙の記録』に記録された三・二一惨案

前項で簡単に触れたことの続きになるが、三・二一惨案の記憶を次の世代に確実に引き継ぐため、幸存者や遺族や関係者から証言を聞き取り文書に記録する作業を二〇〇七年から朱振華さんは始めた。そして、『血と涙の記録』という表題の、Ａ４判より少し小ぶりの一三〇ページほどの冊子[注24]にまとめ、二〇一四年七月に発行している。

　朱振華さんが心血を注いで完成させた『血と涙の記録』には、月塘村三・二一惨案の関係者の証言のほか、多様な記録文書や写真などが数多く収録されている。その中から、三・二一惨案の全貌を把握できる「序文」と、三・二一惨案の原因に関わる二件の文書を紹介しておきたい（原文は中国語、青木訳）。

序文

　一九四五年五月二日（中国陰暦乙酉年三月二一日）、原因は不明だが、侵華日軍「日本海軍佐世保第八特別陸戦隊」万寧駐留守備隊が月塘村を包囲し村民を虐殺する。殺戮は約二刻（約四時間）続き、殺害された村民の中には、古希を超える老人も、満一歳にならない赤ん坊も、青壮年も、出産を控える妊婦も含まれる。殺害のやりかたは多様であり、ある者は頭をたたき割られ、ある者は銃砲で撃ち殺されるが、大多数の者は銃剣で刺し殺された。

　三・二一惨案で直接襲撃された村民のうち三三人は殺戮を免れることができた（命だけはとりとめた）。幸存者の中で最も多く刺され（切られ）たのは麦さんで、二〇以上の刀傷を負わされた。朱開孝の母・南門姩と李家和は共に一九の刀傷を負わされた。知名度が最も高いのは朱進春（またの名は学優）で、八つの銃刀の傷を負わされた。もし万寧県城に来て朱進春と尋ねても、多くの人は知らないと答えるだろう。しかし、もし「八刀（八つの刀傷）」と尋ねれば、大人でも子どもでも誰もが答えることができる。

虐殺の日に亡くなった者と、傷を負わされたあと回復しないまま亡くなった者は合わせて一九四人（月塘村一九〇人、村外四人）になる。また、傷を負わされたが命は助かった者（幸存者）が三三人いる。受傷した幸存者のうち一四人は今も健在である。

虐殺のあと日本軍は家屋三〇余間を焼き払い、さらに、十数頭の役牛と豚を奪い去り、大量の食糧と衣服を略奪した。

三・二一惨案により月塘村では数家族の家系が完全に絶え、数名は、父母を含む年長者を全て殺害され孤児になった。三・二一惨案により月塘村では、肉親や家族を亡くす苦痛を百以上の家庭が受け、肉体的にも精神的にも計り知れない傷害（苦痛）を月塘の人々は負わされた。

三月二一日は、日本軍による虐殺のあと大雨が降り、村中の鮮血が雨水により月塘の池に押し流され、池全体が全て赤色（血の色）に染まった。

その三月二一日、わずか一〇〇メートルしか離れていない隣村・楽山村では一人も傷つけられていない。民間芸人の小陸元はこのような歌曲を歌った。あなたは欺瞞を見るのか見ないのか、月塘を虐殺し楽山は虐殺しなかった。

一九四五年三月二一日の虐殺のあと、月塘の人々は三月二一日を「亡日」と定め、この日が来るたびに、晩方になるとどの家々でも線香をたきロウソクを灯し紙銭を燃やし、あの無辜の亡き霊魂を弔う。

文化大革命の時代になると、「四旧」（文化大革命の初期に打倒すべきものとされた四つの古いもので、旧思想・旧文化・旧風俗・旧習慣を指す）復活の汚名を着せられることを怖れ、大多数の者が亡日の祭事を中止する。そして、二〇〇六年までは、いつも通りに祭事を行なうのはわずか二・三戸（家族）にすぎなかった。

二〇〇七年に「三月二一日記念碑」（三・二一惨案記念碑）を建立したあとは、村の人はみなが記念碑の前に集まり祭事を行なっている。

世間の人々と月塘の人々に確かな証拠を残すため、また、月塘の次の世代にこの血涙史を伝え記憶させるため、さらに、三・二一惨案の受難者に正義（公正）を求めるため、私は、受難者の家族や傷を負わされた幸存者や目撃者を訪ね、聞き取った記録を集めてこの冊子を作成し、しっかり記憶できるようにする。

月塘の人々が六〇年余の間ずっと言いたいと思っている心情をもう一度文字にして私は表明する。日本国政府に賠償を要求する。

これをもって謹んで序文とする。

朱振華／二〇〇七年記録収集開始／二〇一四年七月冊子完成時の序文

月塘村三・二一惨案の原因

乙酉年三月二一日、月塘村では日本軍により二百余人が殺傷された。このような多数の村民を日本軍が殺傷したことを知った人は誰もが質問する。三・二一血案（惨案）の原因は何なのか？　こんなに多くの月塘の村民を日本はなぜ殺すのか？　また、月塘を殺し蔴山《まさん》（楽山村）は殺さないのはなぜなのか？

銃撃を受けて負傷した兵士がきっかけとなりこの大虐殺が引き起こされた。負傷兵は、三・二一惨案を引き起こした唯一の原因だ。

一人の負傷兵が、村の中央にある朱学英の家の表口の前に遺棄された。負傷兵は、灯籠坂村の方面から担がれてきた。負傷兵を担いできた部隊は、朱学英の家の表口で日本軍と出くわすと、負傷兵を担いだり負傷兵に付き添ってきた隊員は負傷兵を置き去りにして逃走してしまい、その行方は分からない。

やはり、あの日本軍は、特に月塘一帯で抗日勢力を包囲し討伐している東澳四維トーチカの日偽軍（傀儡政府の軍隊）を増援するため（月塘村を）通りかかり、負傷兵と偶然遭遇したのだろうか。知る由もないことだ。

三月二〇日の夜半過ぎに東澳四維灯籠坂村の方から銃声が聞こえ、また、月塘村の上村と下村の両方の渡し場は、万城から東澳四維に行くときに当時は必ず通る経路だったので、次のように語り伝えられている。すなわち、日本軍は、月塘村一帯で活動している抗日勢力を討伐するため包囲し攻撃していたのだと（語り伝えられている）。しかし、三月二一日の前の数日間は、共産党の要員は月塘村一帯では活動しておらず、各組織が行なう明らかな事件は何も起きていない。

一九九〇年以降は、ある一つの説がまた唱えられている。すなわち、漢奸（中国人売国奴・対日協力者）がやってきて共産党を攻撃し、同郷の人々を攻撃したのだと（唱えられている）。しかし、共産党のどの部隊を攻撃したのか、あるいは、共産党の誰を攻撃したのか、この説には根拠が何もない。さらに、この説は、ある漢奸が二〇〇名以上の日本軍を引き連れ月塘村に潜伏させていたと説明する。しかし、いったいどこに、誰の家に潜伏させていたのか、根拠が何もない。

もし、ある一つの共産党の部隊、あるいは、ある一人の共産党の人、あるいは、ある一人の個人に的を絞っていたのなら、つまり、焦点を定めていたのであれば、村全体をなぜ連座させるのか（連座させる必要はない）と筆者は考える。ある具体的な理由が無いのであれば、このような大勢の傀儡軍を出陣させ引き連れてくることはできないだろう。

よって、漢奸が関わっているというこの説は、ウソをでっち上げ漢奸に罪を着せているだけだと、一〇〇人のうち九五人以上の月塘の人は考えている。

月塘三・二一惨案に関わる何名かの人物
血案（惨案）をもたらした負傷兵

三月二一日、ある一人の負傷兵が、月塘村の中心部の路上に遺棄された。場所は朱学英の家の門口で、負傷兵は、三・二一惨案を引き起こす唯一の導火線（原因）になった。

負傷兵の仲間と負傷兵を担いできた者たちは、（月塘村で）日本軍と出くわすと逃走してしまい、もはや影も形もない（行方が分からない）。

負傷兵は日本軍により、朱氏祠堂（朱氏祖廟）のガジュマルの大木の下に連行された。村に伝わっている負傷兵に関するこの話（状況）は、村の人々の間で一致している。しかし、この負傷兵を見たのはほんのわずかな人だけで、朱氏祠堂のガジュマルの大木の下で負傷兵が縛り付けられているのをその時に見たと言うのは朱光清だけだ。

負傷兵がどこの人なのか誰も知らない。また、負傷兵がどの組織に所属しているのか誰も知らない。負傷兵は頭（首）を切られたと多くの人が言い伝えている。しかし、その現場を見たと言う人はいないし、負傷兵の遺体（胴体）を見た人もいない。

私の母は一九四八年に月塘村に嫁いできた。私の（母が嫁いできた）家と朱氏祠堂はとても近く、毎日の行き来の際には朱氏祠堂の門前を母はいつも通っていた。その母は、負傷兵の頭（首）は朱氏祠堂の敷居の上に置かれていて、私の父が（負傷兵の頭を）田橋に持っていき埋葬したと話す。しかし、私の父は負傷兵の遺体（胴体）を見たことはなく、負傷兵の遺体（胴体）は朱氏祠堂の西側に遺棄されていたと他の人が言うのを父は聞いたことがあるだけだと母は話す。

村には、負傷兵の遺体に関する伝聞は少なく、負傷兵の遺体を誰かが埋葬したと話す人はいない。しかし、ある人は、朱氏祠堂のその辺りの路を通ると当時は異臭がひどく、その異臭は長いこと続いていたと話す。（とは言うものの、）異臭のことを話す人も多くはいない。

あの時、村の中で活動している人は少なく、村に戻る人がいてもとても慌てている。負傷兵の遺体は豚や犬に食われた可能性が高い。

三・二一惨案から今日に至るまで、負傷兵の仲間だったと名乗り出る人はいない。負傷兵は国民党軍の兵士だったというううわさはある。しかし、負傷兵が所属する部隊名を話す（明らかにする）人は誰もいない。その原因は、解放後は、傀儡軍と国民党軍の軍政要員は全員が攻撃（批判）の対象とされたからだ。自ら災いを招いて身を滅ぼすようなことを誰があえて話すだろうか（話しはしない）。

万寧月塘村から瓊海《チオンハイ》市博鰲《ボアオ》へ

月塘村三・二一惨案の幸存者の方々らとの会合を終えたあと、月塘村民委員会の建屋の正門の前に出席者が並び記念写真を写す。そして、月塘村の人たちはそれぞれが自宅に向かうが、七八歳の朱進春さんは赤いヘルメットをかぶってバイク（二輪車）にまたがり、笑顔でさっそうと走り去る。

私たちのバスは、月塘村共産党委員会の朱学第書記が乗車する自動車に先導され午後五時三〇分に月塘村を出発し瓊海市《チオンハイ》に向かう。この日は、瓊海市博鰲《ボアオ》鎮にあるホテルに宿泊する予定だ。その博鰲は、もともとは、二〇〇人くらいの住民が暮らす小さな村だったが、アジアフォーラムが開催されることで脚光を浴び、今では、豪華なホテルが建ち並ぶものすごく有名な観光地になっているとのことだ。

李秉剛さんらとの交流会

午後五時三〇分に万寧市月塘村を出発した私たちは、博鰲《ボアオ》にある宿舎のホテルに午後六時二〇分ころに到着し、ホテル内で夕食をとる。

そのあと、ホテル内の一室に集まり、李秉剛さんを交えて交流会を行なう。その中で、李秉剛さんと二人の中国人ガイドさんが話したことをここで少し紹介しておこう。

李秉剛さん

月塘村の三・二一惨案記念碑で日本人が犠牲者追悼式を行なうのを見ているバイク（二輪車）の若者は厳しい表情だった。その若者が中国人の李秉剛さんに話しかけ、三・二一惨案で家族六人が殺され、遺体を埋葬してくれる人もいなかったと訴える。若者は同じ話を何度も何度も繰り返す。そして、家族六人が殺されたことを忘れることは絶対にできないし、日本人をものすごく恨んでいると、苦悩に顔をゆがめて話す。

犠牲者追悼式が終わると、そのあと村の共産党委員会で幸存者らから話を聞くことにしているので、その場で話をするよう李秉剛さんは若者にうながすが、会合への出席を若者は断った。若者の想いは強烈だ。村の共産党委員会の建屋に日本人一行が入るまで若者の表情は固いままだった。

一方で、幸存者の表情はとても穏やかだった。忘れることはできない、忘れるはずもないつらい悲しい体験を、声を荒らげることもなく涙を流すこともなく淡々と話すことがなぜできるのか。

幸存者は、つらい悲しい体験を何度も何度も繰り返し証言してきた。何度も何度も怒りにふるえ、泣き叫び、涙を流し尽くした長い歳月を経てようやく淡々と話すことができるようになったのだろう。そして、今の幸存者には、自身の体験を日本人に伝えたいという想いがある。

『血と涙の記録』をまとめた朱振華さんは、幸存者らとの会合の中で、日本政府に賠償させたいと考えていると話した。その会合を終えたあとで雑談している際に、李秉剛さんがどういう人であるのか、つまり、遼寧省共産党委員会幹部学校教授などの要職を歴任している「大物」だということが分かると、李秉剛さんは朱振華さんらに取り囲まれ、日本政府との賠償交渉に対し支援や協力を得たいと要請された。

月塘村の人たちは、それなりに豊かで安心できる幸せな生活を今は送っていて、お金が目的で賠償を求めるのではない。日本の現在の安倍政権（安倍晋三首相）が歴史事実を無視し歪曲するから、おさまりかけていた怒りがぶり返しているのだ。今さら言うまでもなく、安倍政権という日本政府のデタラメさは言語道断であり、許すことはできないと李秉剛さんは指摘する。

覃啓傑さん

万人坑は東北（「満州国」）にだけあるのだと思っていた。万人坑を実際に訪ねるのは今回が初めてで、南方の海南島にもこんな史実があるのだと初めて知ることができた。月塘村では、朱進春さんの四歳の弟が殺されるときのようすを聞いて涙があふれてきた。

同じ過ちを犯さないよう私（覃啓傑さん）自身も何か行動しないといけないと思う。安倍政権に戦争への道を歩ませないよう努力したい。そして、幸存者の心が少しでも晴れるよう努めたい。こんな遠くまで来てくれる日本の訪中団の皆さんを尊敬している。

陳明柳さん

かつて海南島で暮らしていた日本人住民や旧日本兵が、自身にゆかりのある土地を訪ねる旅や、公的な団体による史跡などの視察に同行し案内することを普段からやっている。前回は、日本共産党の訪中団を田独鉱山の万人坑に案内した。八所港の万人坑などにも案内したことがある。

日本が海南島を侵略したことは、身近な問題として知っている。私（陳明柳さん）の祖父（陳明柳さんの母の父）は、母が二歳のときに日本兵に殺された。

普通の観光旅行の案内は普段はあまりやっていないが、尖閣諸島の領有権が大問題になってから日本人観光客がとても少なくなった。尖閣問題以降は、日本人旅行者を案内するときにいざこざを避けるため、日本人が来ていると言わないようにしている。しかし今回は、日本人が訪ねてきていると行く先々で説明することができた。そして、訪中団の皆さんに海南島の歴史を理解してもらえるよう一生懸命に対応した。今回の旅は特別なものであり、私（陳明柳さん）にも有益で勉強になる。

午後一〇時一五分ころに交流会が終了する。もう遅い時刻だと思うが、交流会が終了した後にもあちらこちらで花火が上がり破裂音が響く。観光地の夜は遅いということなのだろう。夜空の星は日本で見るより何倍も明るく輝いていて、たくさんの星が多様な星座を織り成し夜空をおおい尽くしている。海風もさわやかだ。

第八章　北岸郷六月一日惨案

北岸郷五百人碑

訪中第五日目の一一月一六日は、六・一惨案の現場であり五百人碑（記念碑）が建立されている北岸郷と、日本海軍佐世保鎮守府第八特別陸戦隊司令部跡である嘉積中学を訪ねる予定だ。訪中団一行は、風光明媚な観光地である博鰲の豪華なホテルを午前八時三〇分に出発して南に向かい、瓊海《チオンハイ》市博望鎮北岸郷に建立されている五百人碑に三〇分弱で到着する。

五百人碑が建立されている場所は、見渡す限りの広大な水田のただ中であり、北岸郷の集落からは少し離れた位置になる。その五百人碑が建立されている区画の南側に、東西方向にまっすぐに延びる車道がある。大型の観光バスが通ると対向車はすれ違うことができない太くはない道路だ。この車道を通って私たちのバスは五百人碑にやってきた。五百人碑の周囲にはこれ以外に道路は無く、四方に広大な水田が広がっている。

五百人碑が建立されている敷地は、縦横がそれぞれ三〇メートルほどの区画であり、敷地の東側にやや大きな門、道路側となる南側と反対の北側に小さな門、西側に石造りの各種の銘板が配置されている。敷地の

北岸郷五百人碑全景
東側の大きな門（右端）の手前から五百人碑（中央の白い碑）を見る。

北岸郷五百人碑
正面に「五百人碑」と記される高さ５メートルほどの記念碑。

犠牲者追悼式
五百人碑の正面に花束と書を供え、野津喜美子さんが追悼の言葉を読み上げる。

中央に建立されている記念碑は高さが五メートルほどある白い石碑で、正面となる東側に大きな赤い文字で「五百人碑」と記されている。

　朝の九時ころに五百人碑に到着した私たちを、北岸郷六・一惨案の幸存者である何君範《かくんはん》さんと何書琼《かしょけい》さんと北岸郷共産党委員会の黎書記が迎えてくれる。それぞれに簡単なあいさつを交わしたあと、六・一惨案犠牲者の追悼式をまず行なう。五百人碑の正面に花束と書（色紙）を供え、追悼の言葉と不再戦の決意を野津喜美子さんが中国語で読み上げるいつものやり方だ。何君範さんらは、私たちが行なう犠牲者追悼式をすぐ近くで見守っている。

北岸郷六・一惨案

　さて、北岸郷六・一惨案とはどのような事件なのだろう。五百人碑の背後（西側）に幾つか設置されている銘板の一つに、「記念五百人碑（村民の感想の言葉）」という表題が付されている銘板がある。「二〇〇八年六月一日（旧暦）／何子伍」という署名が添えられているこの銘板には、六・一惨案のあらましが次のように記されている。

記念五百人碑（村民の感想の言葉）

楽会に駐留していた日本軍は、楽城・博鰲・中原・橋国（?）という四拠点の日本兵三〇〇人余を集め、一九四一年六月一日（旧暦）の明け方に大洋と北岸の二つの村を包囲する。そして民衆四〇〇人余を捕まえ、銃剣で脅かして四軒の民家に集め、老人も幼児もいっしょに残忍な大虐殺を実行した。そのあと火を放ち家屋と遺体を焼いた。

北岸村の虎口から脱することができた人々は惨案のあと他の村に逃れた。

愛国華僑の黎登云さんと何子強さんらが、シンガポールで同郷人から寄付を集めてこの地に帰り、一九四八年に「五百人碑」を建立した。その時から歴史の記念碑として残されている。

二〇〇八年六月一日（旧暦）／何子伍

一方、「神戸・南京をむすぶ会」の「南京・海南島フィールドワークノート」(注25)には、「1941年6月24日（農歴5月30日）深夜、日本軍は北岸郷の北岸村と大洋村を包囲し、翌日未明に襲撃を開始した。数日間に、北岸村と大洋村の村民369人と、村外から来ていた人130人、合わせて499人の人びとが惨殺されたという」と記されている。

幸存者がそれぞれに記憶している六・一惨案は、これらと少し異なるところもあるようだ。五百人碑の前で犠牲者追悼式を終えたあと、この場に駆けつけてくれた二人の幸存者の話を聞かせてもらう。

何君範さんの六・一惨案

幸存者の何君範《かくんはん》さんは一九三四年生まれで現在（二〇一四年時点）八〇歳。何君範さんが話す地元の生活語は、海南島で生まれ育った通訳の陳明柳さんにも分かりづらいところがある。それでも陳明柳さんは、何君範さんが淡々と話してくれる六・一惨案を懸命に日本語に通訳してくれる。そして何君範さんは次のように証言する。

当時、北岸郷を所管していた日本軍の名称は海軍佐世保第八特別陸戦隊という。日本軍は、住民を掌握するため、「順民証」と表記してある良民証を発行していた。そして、近隣の四つの村に共産党関係者が潜んでいると判断した日本軍は、共産党関係者とその協力者を捕らえるため、一九四一年六月二五日（旧暦六月一日）の未明にそれぞれの村を包囲する。

北岸村でも朝の四時ころに日本軍による検査が始まり、良民証を確認するという理由で村民が集められる。当時の北岸村は、二五戸・一三〇人が暮らしていたが、集合しろという日本軍の命令に従わない人もいるし、逃げ出す人もいた。日本軍により集められたのは全部で八二名で、その中に、揺り籠に入れられている赤ん坊もいる。一カ所に集められた八二名は、銃を構える日本兵に取り囲まれ、逃げ出すことはもうできなくなり皆が怖がった。

そうこうしているうちに日本兵は、住民を追い出したあとの住居に草木を積み上げガソリンを撒いて火を

何君範さんと陳明柳さん

何君範さん（左）は腹と背中とほお（顔）を刺された。身体に残る傷跡を見せてくれる。

放ち、住居を焼き始める。そして、日本兵に取り囲まれた八二名に対し暴行と虐殺が開始される。

その暴行と虐殺のようすを何君範さんが話し始めると、通訳をしている陳明柳さんは何君範さんの話にうろたえ顔をくしゃくしゃにして声を上げて泣き始め、話すことができなくなる。何君範さんの体験は陳明柳さんの想像をはるかに超えているようだ。顔をくしゃくしゃにして涙を流し泣き続けながら、それでも声を絞り出し、とぎれとぎれに陳明柳さんが通訳してくれるのは次のような情景だ。

六・一惨案当時に六歳半だった何君範さんは、家族のうち六人を殺される。殺されたのは、母と二番目の姉と妹と弟と義理の姉（兄の妻）と伯母（父の兄の妻）だ。弟は、生まれてからたった六カ月と一〇日の赤ん坊だ。その弟が、燃えさかる火の中に投げ入れられて焼き殺された。わずか一九〇日間の命だ。

何君範さん自身は、腹と背中とほお（顔）を刺されるが命はとりとめた。八〇歳になる現在の何君範さんの右のほおには、右目のすぐ下から右の上唇にまで至る深い傷が今もくっきりと残っている。また、シャツをまくり上げ、腹に残る傷跡も見せてくれる。

さて、虐殺の日、二〇歳の若い女性・黄英梅さんは、大勢の村人の前で七人の日本兵に強姦されたあと殺される。共に一七歳の二人の少女・黄君梅さんと黄君超さんは、必死に抵抗したが別の場所に連れて行かれ、「慰安婦」と呼ばれる性奴隷（日本軍性暴力被害者）にさせられる。さらに、その年の一〇月に二人は殺害されることになる。

結局、北岸村では、逃げ遅れて日本兵に取り囲まれた八二人のうち七七人が虐殺され、五人だけが命をとりとめた。その五人の幸存者のうち女性は三人、男性が二人であり、そのうちの一人が何君範さんだ。このように七七人の命が奪われたほか、牛一六頭が略奪され、家屋は一九戸が焼かれ三二戸が破壊された。

何君範さんの家族のうち共産党員だった父は、他所に仕事に行っていて村にいなかったため無事だった。同じく共産党員だった兄も、釣りに行っていたため難を逃れた。六・一惨案のあと父と兄は山中に逃げ、共産党と行動を共にし、それから九年間は村に戻らなかった。村に残された何君範さんには住む家もなく食べる物もなく、あちこち放浪するしかなかった。

一九五〇年に（海南島が）解放されたあと、父は再婚し公務員の職に就いて平穏に働くが、子どもはできないまま一九六六年に死亡する。父の連れ合いの義理の母は、現在（二〇一四年）一〇四歳になるが健在であり、何君範さんは親孝行している。解放後に兄も再婚し、警察隊の中隊長を務めた。兄夫妻の子は日本に留学したことがある。何君範さん自身は、男一人・女二人の三人の子と二人の孫に恵まれ、お連れ合いといっしょに今は幸せに暮らしている。

何書琼さんの六・一惨案

何書琼《かしょけい》さんは現在（二〇一四年）七九歳で、先に証言してくれた何君範さんより一歳だけ若い。その何書琼さんは話の冒頭に、日本人の中で正しい歴史認識を持っている皆さんに敬意を表すると話す。そして、家族と村と五〇〇人の犠牲者を代表して、遠くまで来てくれたことに対し、有難うと御礼を言いたいと続ける。何書琼さんが話す標準語に近い中国語を日本語に通訳してくれるのは覃啓傑さんだ。そして何書琼さんは、自身が体験した六・一惨案について証言を始める。

六・一惨案当時、何書琼さんは五歳で、八人家族で暮らしていた。

一九四一年六月二四日（旧暦五月三〇日）の夜中に、四〇〇名からなる日本軍が村々を包囲する。そして、その翌日のまだ暗いうちに二つの村に日本軍が押し入る。日本軍が村にやってきた表向きの理由は良民証を確認することだ。

六月二五日（旧暦六月一日）の未明に押し入ってきた日本兵により村の人々は家の中に閉じ込められ、逃げることはできなくなる。そして、一旦家に閉じ込められた人々は少人数ずつ室外に連れ出される。

このあと、何書琼さんの話が具体的になっていくと、通訳をしている覃啓傑さんは涙が止まらなくなり、顔をくしゃくしゃにしてむせび泣き、話すことができなくなる。涙にくれる覃啓傑さんが、泣きながらそれでも声を絞り出し、途切れ途切れに話してくれることをつなぎ合わせると、自身が体験した六・一惨案のようすを何書琼さんは次のように証言している。

何書琼さんと覃啓傑さん

何書琼さん（左）は８人家族のうち７人を殺害され、一人だけ残された。自身も４カ所を刺された。

家の中に閉じ込められた人々が日本兵により少人数ずつ室外に連れ出されたあと、家の外から聞こえてくるのは、銃撃の音と人々が泣き叫ぶ声だ。いったん室外に連れ出された者はもう戻ってこない。家の外は、阿鼻叫喚の地獄絵図になっているようだ。

そうこうしているうちに日本兵が家の中に押し入ってきて、何書琼さんも母も銃剣で刺される。母は、日本兵に刺されながらも姉と何書琼さんをかばってくれるが、母一人の力ではどうしようもない。何書琼さんは日本兵に何回も刺されて気を失なう。

それからかなり長い時間が過ぎたあと、何書琼さんの意識が戻る。何書琼さんは全身が血だらけで体中が痛い。母と姉は、何書琼さんの傍らに倒れたままでいる。

しばらくすると、家の扉を開けて誰かが入ってきて、すぐに逃げるようにと言われる。日本兵は昼ころには引きあげたので付近にはもういないということだ。それで、何書琼さんは逃げ出そうとするが、何書琼さんの母も姉も動き出す気配はなく、目を開けることもない。もう死んでいるのだ。母も姉も、皆が殺されたのだ。事態を理解した何書琼さんは泣いて泣いて……、死ぬほど泣いた。

夕暮れになりだんだんと暗くなるころ、身寄りのない者はそれぞれが親戚らに引き取られていく。何書琼さんは三番目の叔父が連れ帰ってくれ、叔父のところで怪我の治療をしてもらう。何書琼さんは、騒乱の中で日本兵に四カ所を刺され、頭と胸と手と足に大怪我を負っていた。

六・一惨案により村中が死人であふれた。部屋に閉じ込められたまま放火され、焼き殺された人もいる。そして何書琼さんは、当時いっしょに暮らしていた家族八人のうち七人を殺された。殺された家族七人は、祖母と母と姉と弟と伯母（叔母？）といとこ二人だ。八人家族の中で生き残ったのは何書琼さん一人だけなのだ。もう溜め息しかでない……。幸存者の一人である何書琼さんが向き合わされた六・一惨案はこのようなものだ。

解放後、定年で退職するまで何書琼さんは人民銀行で働いた。

証言を終えたあと、何書琼さんは次のように続ける。日本は海南島で四〇万人を殺害した。しかし、この事実を含む歴史を日本は直視しようとしない。首相の安倍（晋三）ら歴史を歪曲する日本の心無い者たちのありようは酷いものだ。もはや、今の中国は昔の弱い中国ではない。中国は正義をゆずらないことを日本は理解するべきだ。こういう厳しい指摘の一方で何書琼さんは、訪中団の皆さんの認識には感動し敬意を表するとも付け加えてくれた。

北岸郷五百人碑にて

左から、何書琼さん、黎書記、何君範さん。二人の何さんは惨劇を淡々と話してくれた。

六・一惨案幸存者の想い

北岸郷の五百人碑を訪ねた私たちに、六・一惨案の幸存者である何君範さんと何書琼さんは、それぞれの体験を穏やかに淡々と話してくれた。声を荒げることもなく、大声でまくしたてるわけでもなく、涙を流すこともなく、母が子に昔話を話して聞かせるように静かに淡々と話してくれた。

その話を通訳する陳明柳さんと覃啓傑さんは、何君範さんと何書琼さんが向き合わされた惨劇に打ちのめされ、人目もはばからず慟哭し涙を流し、通訳することができなくなった。二人の幸存者が淡々と証言する惨状は、二人の中国人通訳の心を激しく揺り動かしたようだ。

自身が被った惨劇を淡々と話して聞かせることができるようになるまでに何君範さんと何書琼さんはどれだけ涙を流し、どれだけ悲嘆にくれ、どれほど運命を恨み、どれだけ長い歳月を過ごしてきたのだろう。苦難にあふれる二人の人生は、私たちの想像を絶するものなのだろう。六・一惨案のような惨劇を二度と引き起こしてはならないと思わざるをえない。

二人の幸存者から証言を聞いたあと、北岸郷共産党委員会の黎書記と、何書琼さんの息子さんと李秉剛教授が加わり、あれこれととりとめない話が続く。

証言のメモを克明に取っている私に、安倍首相の悪口を私が書くと日本で酷い目にあうから、安倍首相に関する発言はメモから削除してくださいと何書琼さんが言う。それで私は、何書琼さんの配慮に感謝の意を伝えたうえで、安倍の悪口を書いても発言しても問題にはならないから心配しないでくださいと説明する。

最後に、五百人碑の前や他の石碑の前で記念写真を撮り、土産物を渡して御礼の気持ちを伝え、午前一〇時過ぎに北岸郷の五百人碑を出発する。

日本海軍佐世保第八特別陸戦隊司令部

北岸郷の五百人碑を午前一〇時過ぎに出発した私たちは琼海市嘉積鎮に向かい、一一時過ぎに嘉積中学(日本の中学と高校に相当)に到着する。嘉積中学の正門は、琼海市内のにぎやかな商店街の中にあり、やたらに数が多いのが目立つ二輪車(バイク)と、買い物客など大勢の人たちが正門前を行きかう。その嘉積中学の正門に大学合格者の名前が掲示されていて、中国で名門とされる精華大学と北京大学にそれぞれ四人が合格していることを、これみよがしに誇示している。嘉積中学は地元の名門校で人気が高いとのことだ。

さて、嘉積中学は、かつて日本海軍佐世保第八特別陸戦隊司令部が置かれていたところだ。その当時の建屋などの大半は改築されたり撤去されたりしているが、司令部時代の痕跡を一部に留めているということだ。

正門から構内に入ると、広い庭をはさんで正面に建っている三階建ての赤茶色で重厚な感じの建物がまず目に入る。そして、その周辺に学校の施設がたくさん並んでいる。相当に広い、伝統のある学校のようだ。日曜日の学校の構内にいる生徒の表情は明るく、着ている服は色とりどりで自由な雰囲気だ。侵略軍である日本海軍の司令部の跡地であることを、わずかな「見学」時間のうちに感じることはなかった。

嘉積中学の確認を終え、琼海市内の食堂で昼食を済ませたあと、二〇〇キロ先の三亜に私たちは向かう。

終章　海南島は惨劇の島だった

海南島を訪ねる旅の第五日目になる一一月一六日の午前中に嘉積中学を訪ね、今回の旅で予定している全ての目的地の確認を終えたので、あとは日本に戻るだけだ。このあと、私たちの訪中団は、午後七時三〇分に三亜空港を飛び立つ中国国内便の飛行機で広州に移動し、翌日の一一月一七日の朝に広州空港を出発する中国南方航空の国際便で日本に帰る予定でいる。

「万人坑を知る旅」訪中団を組織する私たちは、中国東北（「満州国」）と華北の万人坑をこれまでに訪ね、中国本土（大陸）における強制連行・強制労働の惨状を確認してきた。そして今回は、東北や華北から一足飛びに南下し、中国本土（大陸）の南端のさらに南方の洋上に浮かぶ（位置する）海南島にやって来て、八所港・石碌鉱山・南丁朝鮮村・田独鉱山・陵水后石村の強制労働現場と万人坑を訪ねた。

今回の「万人坑を知る旅」で、中国最南端の海南島でも中国人強制連行・強制労働が大規模に行なわれていることを確認した。併せて、侵略の本質である経済略奪（金儲け）のための強制労働が行なわれる地では、財界・企業の用心棒である日本軍により苛烈な住民支配が行なわれていることを確認し、その被害者が直面させられる惨劇の現場と現実を、月塘村の三・二一惨案と北岸郷の六・一惨案の幸存者の証言により追体験することができた。

中国北部に位置する東北や華北で行なわれた強制連行・強制労働と同じ惨劇が、中国南部に位置する華南でも行なわれていることを確認することができたのが、海南島を訪ねる今回の「万人坑を知る旅」だ。

第一部　海南島の万人坑を訪ねる　注記

第一章

（注01）笠原十九司著『日中戦争全史』上・下、高文研、二〇一七年
（注02）（注01）下巻、五九頁
（注03）（注01）下巻、六一頁
（注04）斉藤日出治著『日本の海南島侵略（1939—45年）軍事占領から空間の総体的領有へ』大阪産業大学経済論集5（3）、71—88、2004—06—30
（注05）（注04）七四—七五頁
（注06）（注04）七三頁
（注07）柴田善雅著『海南島占領地における日系企業の活動』大東文化大学紀要44号、一三三—一七〇頁
（注08）（注07）一三五—一五四頁
（注09）李秉剛著『万人坑を知る——日本が中国を侵略した史跡』東北大学出版社（中国—瀋陽）、二〇〇五年

（注10）高嵩峰・李秉剛編著『私は地獄へ行ってきた――中国東北部、旧日本軍占領地区の生存労工の記憶』遼寧大学出版社（中国―瀋陽）、二〇〇九年

（注11）高嵩峰・李秉剛編著『走过地狱――日本侵华期间幸存劳工的回忆』東北大学出版社（中国―瀋陽）、二〇一三年

（注12）李秉剛・高嵩峰・権芳敏著『日本在東北奴役労工調査研究』社会科学文献出版社（中国―北京）、二〇〇九年

（注13）解学詩・李秉剛著『中国 "特殊工人" ――日軍奴役戦俘労工実態』社会科学文献出版社（中国―北京）、二〇一五年

（注14）李秉剛主編『日本侵華時期遼寧万人坑調査』社会科学文献出版社（中国―北京）、二〇〇四年

（注15）李秉剛著『遼寧人民抗日闘争簡史』遼寧人民出版社（中国―瀋陽）、一九九七年

第二章

（注16）神戸・南京をむすぶ会編『神戸・南京をむすぶ会／第15回訪中の記録――南京・海南島フィールドワーク』神戸・南京をむすぶ会、二〇一一年

（注17）（注16）一二三―一二四頁

（注18）（注09）一五三頁

（注19）王紅艶著『「満州国」労工の史的研究――華北地区からの入満労工』日本経済評論社、二〇一五年、二一一三頁

第三章

（注20）（注09）一一三頁

第四章

（注21）（注16）六一頁

（注22）佐藤正人著『日本占領下の海南島における朝鮮人虐殺――アジア民衆共同の東アジア近現代史認識をめざして』

第五章

（注23）（注07）一五七頁

第七章

（注24）朱振華著『血和泪的記録／海南万寧月塘村三月二一日惨案専集』私家版、二〇一四年

第八章

（注25）神戸・南京をむすぶ会&兵庫在日外国人教育研究協議会編『第15次訪中団／南京・海南島フィールドワークノート』神戸・南京をむすぶ会、二〇一一年、七〇頁

第二部　長江流域の万人坑を訪ねる

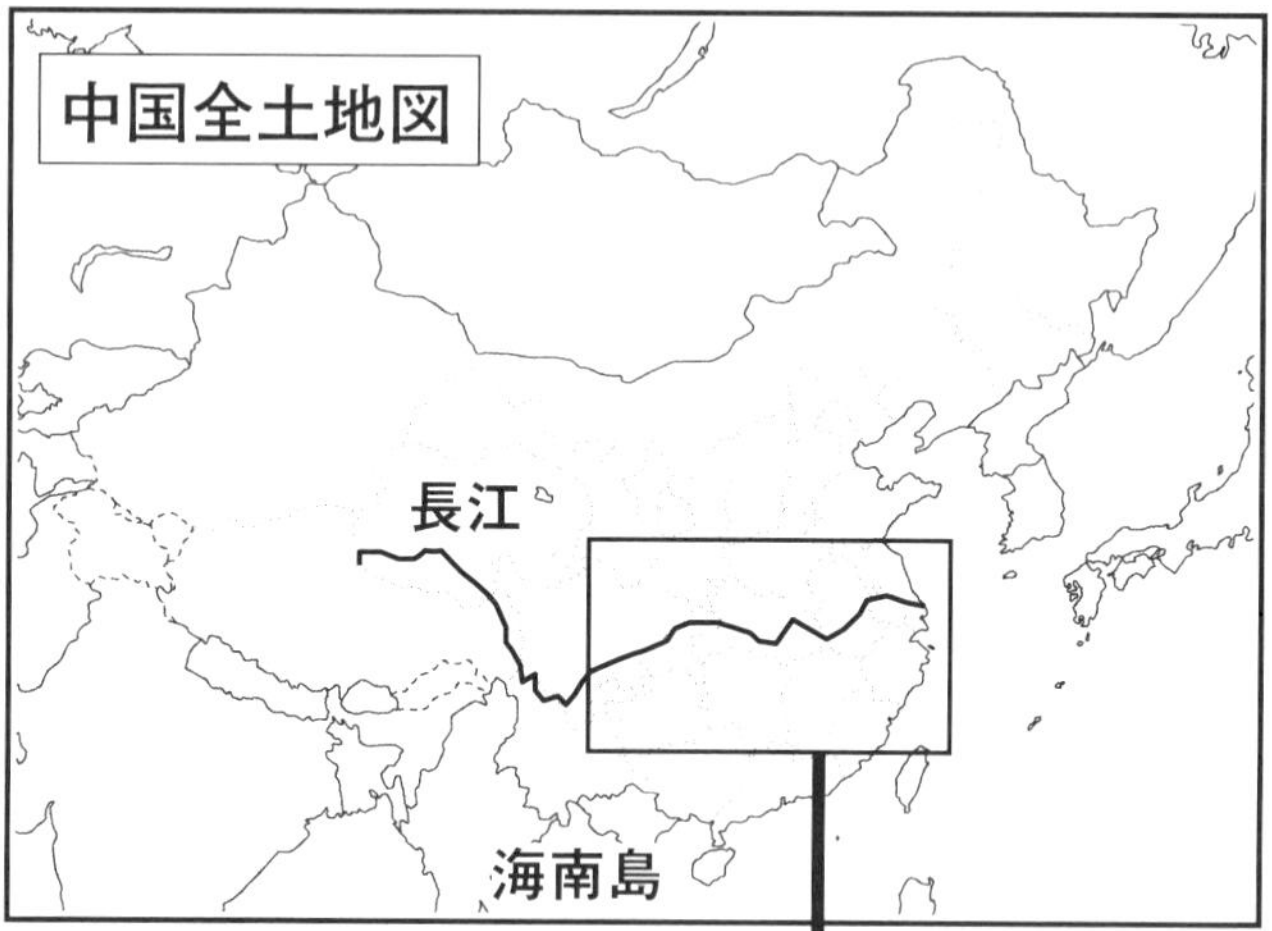
中国全土地図
長江
海南島

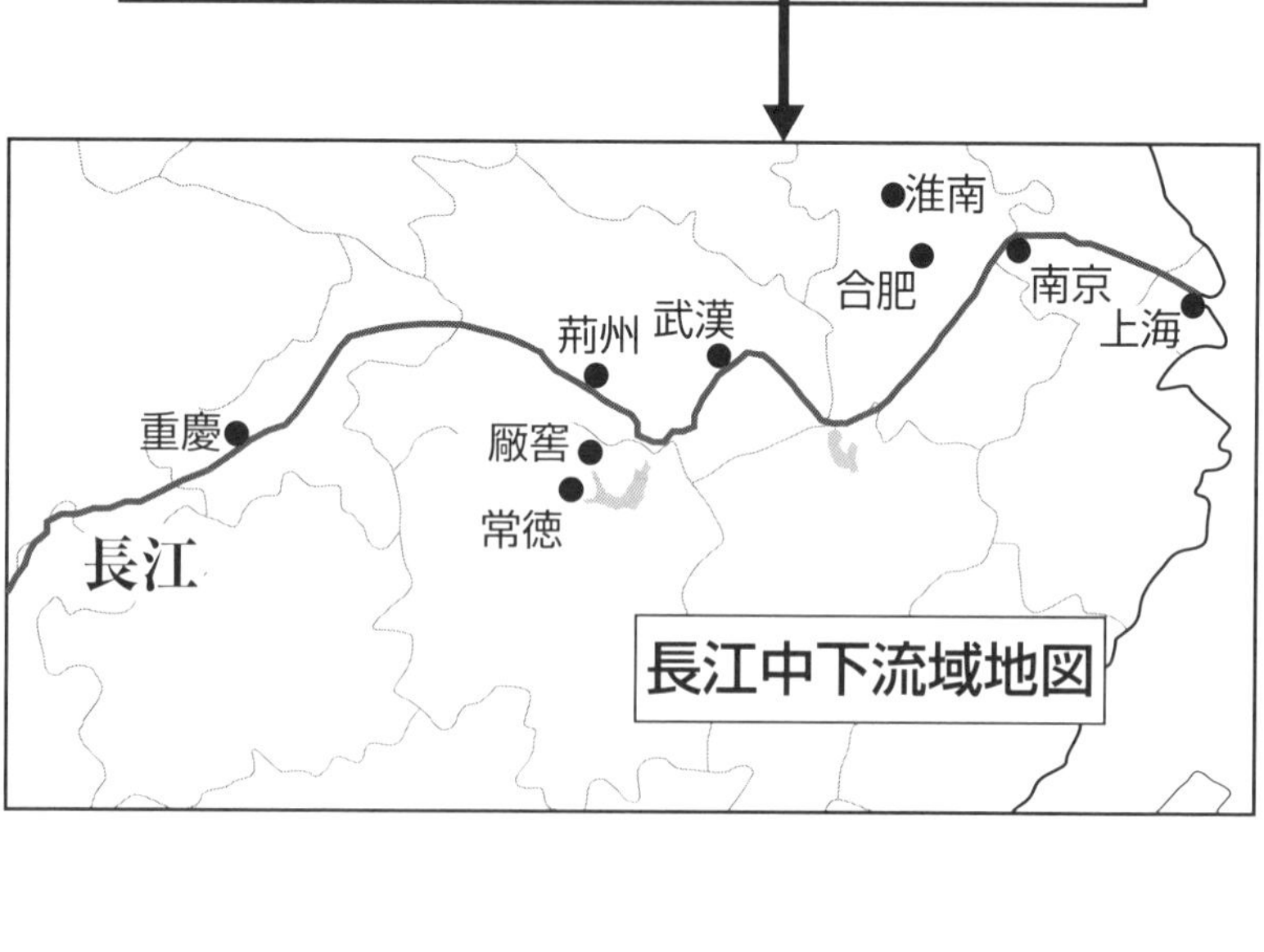
淮南
合肥
南京
上海
荊州
武漢
重慶
厰窖
常徳
長江
長江中下流域地図

第一章　長江

青海省のチベット高原北東部にあるタングラ山脈の主峰グラタントン山（標高六六二一メートル）の北斜面に源を発する長江は、青海省から雲南省・四川省を流れ下り、重慶市を経たあと華中地域を東に向かって流れ、上海で東シナ海（中国の呼称は東海）に注ぐ全長六三〇〇キロの大河である。その長さは中国で最長であり、世界でも第三位になる。長大な長江流域には一九の省（市・自治区）があり、上海・南京などの商業都市や武漢・重慶・成都などの重要工業都市を含む全流域の人口は四億五〇〇〇万人にもなる。

中国第一の河川である長江は、水上交易が盛んな華中で古くから水運に利用され、本流では、一万トン級の船舶が南京まで、三〇〇〇トン級の船舶は武漢まで、一〇〇〇トン級の船舶であれば重慶まで航行できる。また、増水期には、一万トン級の船舶が武漢まで航行することも可能である。

その長江を日本では一般に揚子江と呼称することが多いが、揚子江という名称は、長江下流部の江蘇省揚州付近で呼称される地方名にすぎない。

日本の対中国全面侵略と長江

さて、長江が流れる地に生まれ発展してきた上海・南京・武漢・重慶はいずれも中国・華中の主要な都市である。これらの長江沿いにある各都市が、日本の対中国全面侵略の中でどのような位置にあったのか簡単に触れておきたい。

一九三七年七月七日に引き起こした盧溝橋事件を口実に華北から中国全土に至る対中国全面侵略を始めた日本は、華中においても海軍が中心になり八月一三日に上海で戦闘を始める（第二次上海事変）。三カ月にわたる激戦ののち上海を占領した日本の軍部と政府は、当時の中国の首都である南京を占領すれば中国は日本に屈服すると考え、総勢約二〇万の日本軍を上海から南京に進軍させる。そして一二月一三日に日本軍が首都・南京を占領し、日本による中国侵略の歴史の中でも特に残虐な事件として知られている南京大虐殺事件を引き起こす。

しかし、南京を追われても蒋介石政府（中国国民政府）は日本に屈服せず、内陸部の長江上流に位置する武漢に政府機関と軍を移して抗戦を続ける。これに対し日本は、大軍を動員して武漢攻略戦を発動し、一九三八年一〇月に武漢も占領する。

しかし、蒋介石政府は、武漢よりさらに奥地の重慶に首都を移し、ビルマ（現ミャンマー）から国境を越えて重慶に至る援蒋ルート（注01）（注02）（蒋介石政府を援助するルート）を構築する。そして、アメリカやイギリスなどから軍需物資などの支援を受けながら抗戦を続けたので、日本の対中国侵略戦争は泥沼化していく。

この簡単な史実に出てくる上海・南京・武漢・重慶は、日本による対中国全面侵略という歴史の中でいずれも欠くことのできない重要な都市であり、この項の冒頭に記したように、いずれも、華中の長江が流れる地に生まれ発展してきた町である。

第七次訪中団、華中・長江流域へ

日本による対中国全面侵略において重要な舞台となった華中の重慶・武漢・南京と、長江流域に現存する万人坑など日本による中国侵略における加害の現場を訪ねるため、第七回「万人坑を知る旅」訪中団を二〇一六年の夏に私たちは結成した。そして、二〇一六年一〇月一八日の午前九時に訪中団の一一名は中国南方航空機で関西空港を飛び立ち、中国本土の南端に近い広州に向かった。

関西空港から飛び立った私たちの訪中団は、約四時間の飛行を経て昼の一二時ころ（これ以降は中国時間）に広州白雲空港に到着し、午後二時に広州を飛び立つ中国南方航空の国内便に乗り継ぎ、重慶江北空港に午後四時ころに到着する。そして、重慶江北空港で、李秉剛《リビンガン》教授と孫国田さんとガイドの李衛雄さんと張剣さんと合流した。

李秉剛《リビンガン》教授は、この日から私たちに同行し、訪問先の各地で歴史などを解説してくれる中国近現代史の著名な研究者だが、本書第一部の第一章「海南島」の「第六次訪中団、海南島へ」の項に経歴などを紹介しているので参照いただければと思う。

孫国田さんは、「万人坑を知る旅」訪中団に中国から一般参加で加わる団員の一人だが、『大地作証』(注03)という本を著わすなど、中国と日本に関わる近現代史に詳しい人だ。

二人のガイドのうち李衛雄さんは武漢在住の人で、この日から、武漢を訪ねる一〇月二二日まで私たちに同行し案内してくれる「地元」のガイドだ。もう一人のガイド・張剣さんは南京在住の人で、私たちの訪中団が中国から出国する最後の日まで案内してくれる。

重慶市街の北方の郊外に位置する重慶江北空港で李秉剛教授らと合流した私たちの訪中団は、貸切の大型バスに乗り江北空港を午後四時半に出発し、長江の右岸（南側）に位置する重慶市南岸区にある宿舎のホテルに午後五時半過ぎに到着する。

長江流域訪問第一日目のこの日は移動だけで終わる一日だ。ホテル内にある食堂でゆっくりと夕食を食べ、明日からの活動に向け英気を養う。

第二章　重慶

中国内陸部の奥地に位置する重慶は、南を流れる長江と、北を流れる嘉陵江《かりょうこう》の合流地点に生まれた町であり、長江を利用する水上交易の中心地として春秋戦国時代から栄えてきた。重慶の昔からの街区は、長江の北岸と嘉陵江の南岸に挟まれる中洲にあるが、中洲と言っても、ちょっとした山もある幅一キロ余のかなり広い土地だ。現在では、長江の南岸と嘉陵江の北岸にも市街地が広がり、重慶市内だけでも七〇〇万人が住む大きな都市になっている。ちなみに、現在は、北京市・天津市・上海市と共に中国の直轄市の一つになっていて、重慶市の総人口は三〇〇〇万人を数える。

さて、長江流域訪問第二日目の一〇月一九日は、重慶大爆撃被害者民間対日賠償原告団の事務所で重慶爆撃の被害者から証言を聞き、そのあと、重慶爆撃で二〇〇〇名以上が一度に死亡した現場である六・五隧道（トンネル）惨案旧址や、重慶に首都を移した蒋介石が住居を構え司令部を置いた黄山抗戦遺跡などを訪ねる予定だ。

そこで、次の「重慶爆撃」の項で、笠原十九司著『日中戦争全史』(注04)の「重慶爆撃——世界戦史上空前の長期かつ大規模な都市無差別爆撃」(注05)の項から基礎的な部分を引用し、簡略ではあるが、重慶爆撃についてその全体像をまず把握しておこう。

重慶爆撃

「……日本軍の武漢占領(一九三八年一〇月)後、蔣介石は重慶を陪都《ばいと》(中国語で臨時首都、副首都の意味)として重慶国民政府を設立し、四川省の重慶・成都から雲南省の昆明にかけて抗日戦争の大後方として西南建設をすすめ、長期抗戦の基盤とした。

日本軍は中支那派遣軍を中心に重慶政府を降伏させるために、何度か大作戦を試みたが、ことごとく失敗した……。そこで、地上戦の手詰まり状況を打開するために考えたのが空からの爆撃であった。中支那派遣軍は、三八年一二月二六日、陸軍航空兵団(陸軍が占領した漢口に航空基地)に要請して、最初の重慶爆撃をおこなった。三九年になると海軍航空隊が加わり、本格的な重慶爆撃を開始した。

それまでの地上軍の進撃と連動した空地共同作戦ではなく、純粋に空爆のみによって、重慶の首都機能を徹底的に破壊し、蔣介石政権に降伏を強いる作戦が考え出されたのである。空からの爆弾投下により、重慶の都市と住民を標的にして無差別爆撃をおこない、中国国民の抗戦継続意志の破壊をめざした本格的な戦略爆撃であった。

……重慶爆撃のなかでも、一日の犠牲がもっとも多かったのは、一九三九年五月三日と四日の二日間にわたっておこなわれた大爆撃で、中国では『五三・五四大空襲』として記憶されている。……(五月三日の)一時間余にわたる日本軍機の爆撃で、六七四人が死亡、三五〇人が負傷、焼失した家屋は一〇六八間《けん》(中国では家屋の被害は部屋数で表す。数百戸ということになろう)。……(五月四日の)爆撃で、三三一八人が死亡、一九七三人が負傷、日本軍機の長期にわたる重慶空襲のなかで、一日の死傷者が最大の日となった。

……百一号作戦は、一九四〇年五月一七日より九月五日まで三カ月にわたり、海軍の連合空襲部隊(指揮官山口多聞少将)と陸軍重爆隊(第三飛行集団)の一時共同によりおこなわれた重慶爆撃である。……重慶を主とする四川省各都市の爆撃を徹底的におこない、蔣介石政権を崩壊させることを目的にした。日本の軍部の政治目的としては……、汪精衛を重慶政府から脱出させて四〇年三月三〇日に南京に樹立させた国民政府の『唯一化』を実現することにあった。

……日本海軍は、中国国民政府を降伏させることを目指して、航空部隊を総動員して、『重慶定期便』を呼号しながら、連日のように重慶にたいして無差別爆撃をおこなった。百一号作戦は重慶市の徹底破壊を目標にして、市街地を東端から順次A・B・C・D・E地区と絨毯を敷きつめたように区分し、各航空隊がそれぞれの区域を担当してすきまなく徹底的に爆撃した。海軍航空隊はこれを絨毯爆撃作戦と称した。さらに、重慶市民に恐慌をもたらし、恐怖心を与えることを企図して夜間空襲もおこなった。

……投下爆弾の総量は、海軍が二万四一一一弾で二六三三・九トン、陸軍が三一一二弾で三二四・〇トンとなり、陸海合わせて、二万七二四三弾、二九五七・九トンという気の遠くなるような膨大な数になる。二五〇キロ爆弾はコンクリートや煉瓦の建物を破壊する強力な破壊力をもっている。それを陸海合わせて五〇〇〇弾以上投下、さらに鉄筋ビルを破壊する爆発力をもつ八〇〇キロ爆弾を三六九弾も投下したのである。

……百一号作戦は、支那方面艦隊が陸軍第三飛行集団と協力して、四川方面の中国空軍を撃滅するとともに、周到な重慶市街爆撃によって蔣介石政権の崩壊をめざした、日中戦争における最大規模の空爆作戦であった。

海軍航空隊によるだけでも二年半にわたった重慶爆撃により、重慶の市街はほとんど瓦礫の街と化し、市民が受けた物的・人的・精神的被害は甚大なものであったが、日本軍の期待に反して、市民の間からは早期講和を蒋介石政府に求める声は湧きあがらなかった。なお、海軍航空隊による重慶爆撃が四一年九月一日の一〇二号作戦の打ち切りにより終了したのちも、陸軍航空兵団による重慶爆撃は四三年の八月二三日まで続けられた。

重慶爆撃によっても、国民党・重慶政府の抗戦意志を崩壊させることはできなかったのである。それだけでなく、重慶市民にたいする無差別爆撃の惨状は、国際的な批判を呼びおこし、特にアメリカにおいては、さまざまな中国支援団体が、アメリカは対日軍需品輸出によって重慶爆撃のような破壊と殺戮の罪行に加担していると批判する運動を展開した。そして、政府と協調しつつ、石油・屑鉄・機械などの対日軍需物資禁輸に向けたはたらきかけをおこなった。これらの運動は、三九年七月二六日のアメリカ政府の日米通商航海条約破棄通告、四〇年九月の対日屑鉄全面禁輸、四一年八月の対日石油全面禁輸の断行へとつながるものであったから、重慶爆撃はアメリカの対日経済制裁を呼びこむ一因となったのである。

『重慶大轟炸《ホンジャー》（爆撃）　1938—1943』は、一九三八年二月一八日から一九四三年八月二三日までの重慶大爆撃により、死者一万一八八九人、負傷者一万四一〇〇人、焼失・破壊家屋二万余棟という数字を記している」(注05)。

重慶爆撃幸存者の証言を聞く

長江南岸区にあるホテルを一〇月一九日の午前九時に出発した私たちの訪中団は、重慶市街の大渋滞の中をノロノロと進みながら長江を渡り、長江と嘉陵江《かりょうこう》に挟まれる中洲にある昔からの街区に入る。そこは、山間地のように坂道の多い街であり、自転車を利用する人はほとんどいないとのことだ。そして、訪中団が乗る大型バスは、坂道を登ったところにある、重慶大爆撃被害者民間対日賠償原告団の事務所が入っている高層ビルに九時二五分に到着する。

「原告団」事務所では、重慶爆撃の幸存者《こうぞんしゃ》（虐殺などの災禍を免れた生存者を中国では幸存者と呼ぶ）三名と原告団事務局二名の合わせて五名の方が待っていてくれた。そして、原告団事務局の姜遺福《きょういふく》さんから三名の幸存者をまず紹介してもらい、幸存者と訪中団のそれぞれが簡単なあいさつをかわす。この日の中国側の出席者は次の方々である。

幸存者は次の三名

王西福《おうせいふく》さん、一九三五年生まれの八一歳、男性。

陳桂芳《ちんけいほう》さん、一九三二年生まれの八四歳、女性。

簡全碧《かんぜんへき》さん、一九三七年生まれの七九歳、女性。

原告団事務局からは次の二名

姜遺福《きょういふく》さん、原告団団長補佐、男性。

（中国民間対日賠償連合会重慶分会・会長補佐
　重慶大爆撃被害者民間対日賠償原告団・団長補佐）
鐘伝鳳《しょうでんほう》さん、原告団事務局、女性
中国側原告団の出席者と私たち訪中団が机をはさんで席に着き、姜遺福さんが改めて出席者を紹介し歓迎のあいさつを述べたあと、三名の幸存者から、それぞれの重慶爆撃について順々に話を聞かせてもらう。

王西福《おうせいふく》さんの重慶爆撃

王西福さんは一九三五年生まれの男性で、現在（二〇一六年）八一歳。石包所というところに住んでいて、農業を営んでいる。今回、最初に話してくれる王西福さんは、重慶爆撃に関わる家族と自身の体験を次のように証言する。

王西福さんの父・王海雲さんは一九〇一年生まれで、一四歳の時に故郷の田舎を離れて重慶に出てくる。そして、水上運送などを業務とする商社に勤めることになり、大きな船の伝令係になる。船長の指示を船員に伝える仕事であり、王海雲さんは船の伝令係を五年間務めた。

その後、王海雲さんは、重慶と上海を往復する客船で食事を作る料理人になる。大きな客船に乗り組み全員の食事を作るのは、やりがいのある大きな仕事であり、やがて厨房の責任者を任されるようになる。

客船の料理人として一〇年間まじめに働きお金もたまった王海雲さんは、客船の料理人をやめ、自身で経営する食堂を上海で開店する。それから二年か三年後に、王西福さんの母になる王朱子さん（一九〇五年生まれ。当時の女性は名前が定かでなく、夫の姓と実家の姓に「子」を付けている）と結婚し、一九三五年に王西福さんが生まれる。

さて、一九三七年七月七日に北京で盧溝橋事件が起きたあと、日本軍による上海への攻撃が八月一三日に始まる（第二次上海事変）。そして、激戦の末に上海は日本軍に占領され、占領下に置かれた上海で日本軍による住民虐殺や略奪が横行する。王海雲さんの食堂も、いつ略奪の被害に遭うか分からないような情況になる。

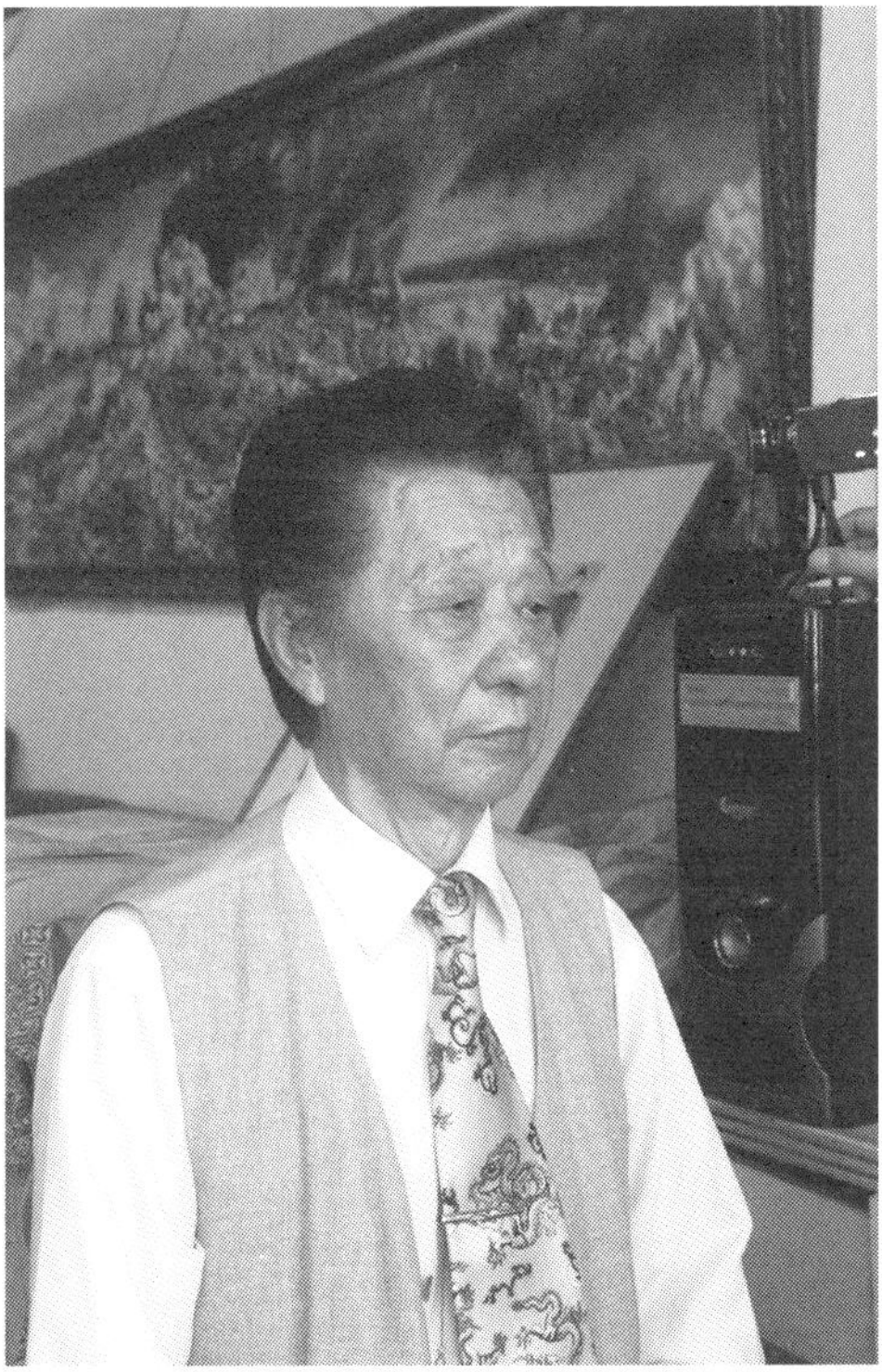
王西福さん
爆撃で両親を失くし、まだ幼なかった王西福さんは一人だけ残された。

このように上海が危険であるのに対し、国民政府が首都を移す内陸の武漢より更に奥深くに位置する重慶は安全だと思えるし、王海雲さんの故郷でもあるので、王海雲さんは、家族を連れて上海を脱出し重慶に逃れることに決める。王海雲さん一家が上海を脱出するのは王西福さんが二歳の時だ。

しかし、当時は日本軍により一切の交通手段が封鎖されていて、船も汽車も車も全てが利用できないので、重慶に行くには歩くしかなかった。王海雲さんは天秤棒をかつぎ、前に吊り下げたカゴに寝具の布団などを入れ、後ろに吊り下げたカゴには当時二歳の王西福さんを乗せる。母の王朱子さんは衣服などの荷物を背中に山のように背負う。そして、朝早くから夜になるまで歩き続ける。夜になり暗くなるともう歩けないので、付近の家屋の軒下などに布団を敷いて眠る。

王海雲さんの家族のように重慶の方に向かって歩く人は多く、道路沿いに人の列がずっと続いているという状況だ。しかし、道中に商店などは全く無く、途中で食べ物を手に入れるのは難しい。そのような情況に対し、当時の国民政府は救援用の車両を出し、歩いて移動を続ける人たちにマントウ（粉を練って蒸した丸いパン）を配給していた。マントウを配給する車両が来ると、人々は我先に駆け寄り、マントウを手に入れようと互いに争い必死になる。そして、マントウを手にすることができればよいが、手に入らなければ我慢するしかなかった。両親がマントウを取りに行っている間は、王西福さんはカゴの中で一人で寝ていた。

こうして、苦しい情況の中を、上海から南京や武漢や漢口を経て宣昌まで長江に沿って王海雲さんは歩き続ける。武漢の漢口から宣昌までは二〇日間かけて歩いた。

宣昌から先は、長江を航行する船便を利用できるようなので、王海雲さんは宣昌で船を待つことにする。王海雲さんは、上海に移り住む前に重慶で商社に勤め、貨物船や客船に乗り組み長いあいだ働いていたので、船会社には知り合いが多い。

宣昌で一週間ほど待っていると、一隻の貨物船がようやく到着し、その貨物船の船長が知り合いだったので、王海雲さんは貨物船に乗せてもらえることになる。普通であれば、一般の人は客船にしか乗れないが、王海雲さんの人脈が王海雲さんと家族を助けてくれた。宣昌で貨物船に乗り込んだ王海雲さん一家は、三日間の船旅を経て無事に重慶に帰ることができた。

重慶で王海雲さんは、港北区神家台のセイカイ五〇番に住むことになる。そして三カ月を過ごすうちに、上海から持参してきたお金を使い果たす。

しかし、王海雲さんは料理ができるので、セイカイ五五号で食堂を開店する。重慶は四川料理（重慶料理）の本場だが、本場の上海で調理法を身に付けた王海雲さんが得意とする上海料理をセイカイ五五号の食堂で提供すると、とても旨いということで評判が高まり、王海雲さんの店は人気を呼び繁盛する。それから一九三九年の五月三日まで王海雲さんは食堂の営業を続ける。

そして、一九三九年五月三日。ちょうど昼食時の午後一時ころに、日本軍の飛行機による爆撃が始まる。当時の重慶の市街地は、北側を流れる嘉陵江《かりょうこう》と、南側を流れる長江の間の中洲にあり、西から東に向かって流れる嘉陵江と長江の合流地点に朝天門がある。この日の爆撃で日本軍は、重慶市内の朝天門から解放石碑を経て太平門に至る一帯を狙い、重慶の市街地を帯状に縦断するように、朝天門から解放石碑・太平門に沿って三七機の飛行機から二〇〇発以上の爆弾と焼夷弾を投下する。

王海雲さんの食堂がある辺りに防空壕は無く、避難できる場所をそれぞれが自分で探して利用していた。空襲に気づいた王海雲さんは、妻の王朱子さんと王西福さんを連れて急いで店（王海雲さんの食堂）を出るが、王朱子さんは妊娠していて素早く動くことはできず、遠くに逃げることはできない。それで、店から三〇メートルほど離れたところにある木材置き場に行き、木材で囲まれるその下にあるちょっとした隠れ場所に逃げ込む。

しかし、王海雲さんらが逃げ込んだ隠れ場所から四メートルか五メートルほど先に爆弾が落ちて爆発する。

そのため、王海雲さんは全身に傷を負って爆死し、王朱子さんは、崩れ落ちてきた木材の下敷きになり圧死する。まだ小さかった王西福さんだけは、木材の隙間に偶然に入り込み生き残ることができた。

食堂を営業している王海雲さんには近所に知り合いが多かった。日本軍機の爆撃が終わったあと、王海雲さんらが木材置き場にいつも隠れていることを知っている人たちが、崩れ落ちた現場に探しに来てくれる。そして、泣いている王西福さんを見つけ、覆いかぶさっている木材を取り除いて助け出した。しかし、王朱子さんは、崩れ落ちた木材に押しつぶされ、血まみれになって既に死んでいた。

一人だけ残された王西福さんを、地区の責任者は孤児院に入れようとする。しかし、田舎に住んでいる王海雲さんの兄弟（王西福さんの伯父）と電報で連絡をとることができ、王西福さんはこの伯父に引き取られ、いっしょに暮らすことになる。

伯父の家は八人家族で、王西福さんは八歳になるまで伯父の家族といっしょに暮らすことになるが、王西福さんが少し大きくなると重労働をさせられる。

炊事など日常生活に使用する水は、王西福さんが一人で用水場に汲みに行き、全てを一人で家まで運ばなければならないなど、朝早くから夜遅くまで働かされ、夜は一二時ころに最後に寝る。王西福さんに対する扱いはとても酷く、いじめられている感じでとてもつらかった。当時のことは今でも勘弁できないと王西福さんは話す。

八歳になると王西福さんは伯父の家を抜け出し、一人で重慶に出て来る。そして、解放石碑の辺りに来て靴磨きを始める。しかし、他所から来たわずか八歳の新米なので、相当にいじめられ、稼いだお金もしょっちゅう奪われる。このように証言しながら、あの頃はしんどかったと王西福さんはタメ息をもらす。

生きるためには仕方がないので、王西福さんは靴磨き以外にもいろんなことをする。重慶は暑いので、食堂で食事をしている客に扇子をあおいで風を送り、そして、客が食べ残した料理を食べさせてもらう。捨てられているタバコの吸い殻を拾い集め、残っているわずかな葉を集め、紙で巻きなおして売る。重慶は坂道が多いので、急勾配の坂道で人力車や荷車を押して坂を上るのを手伝い小銭をもらう。そんなことをしながら王西福さんは何とか暮らしていく。

夜中に寝る場所については、夏の重慶は暑いので苦労はない。しかし、重慶も冬は寒いので大変だ。暖かい上着は持っておらず、薄い服を一枚着ているだけなのでとても寒い。金持ちの人が飯を炊いたあとの残りの炭を、狭いところで膝をかがめて抱くようにして寝るが、横にはなれない。もっと寒い夜は、どうしようもない時だけゴミ箱の中に入って寝た。ゴミ箱の中はガスがあり少し暖かい。しかし、臭くてたまらないので、ずっと中に居ることはできない。そんなふうにして王西福さんは何とか生きてきた。

王西福さんが一五歳の時に、人民解放軍により重慶はようやく解放される。そして、一六歳の時にまっとうな仕事にようやく就くことができた。毛沢東主席のおかげだと王西福さんは話す。その仕事は、石材工場で、ダムや堤や橋の土台を造る石材を加工する仕事だ。重慶は良質の石がたくさん採れるので、石材業が盛んだった。

そのあと一九五三年に、中国政府の呼びかけに応じてチベットに行き、道路建設の仕事にたずさわった。そして、チベットで王西福さんは二〇年間働く。

一九七三年に重慶にまた戻って働き、一九九〇年に定年で退職した。

子どもの頃から今まで学校に通うことはほとんどできず、字を読むことも満足にできない。だから仕事は全て肉体労働ばかりだ。仕事をしている間に少しは勉強したので、簡単な知識は知っている。王西福さんは最後にこう話して証言を終える。

陳桂芳《ちんけいほう》さんの重慶爆撃

陳桂芳さんは一九三二年生まれの女性で、現在（二〇一六年）八四歳。王西福さんの証言に続けて陳桂芳さんが自身の体験を次のように証言する。

日本軍による重慶爆撃が続いていた当時、陳桂芳さんは両親と三人で二一兵器工場の近くに住んでいた。一九三九年五月の三日と四日に重慶が大規模な爆撃を受けたとき、陳桂芳さんと母は、近くの山にある墓地に掘られている穴に隠れた。亡くなった人の遺体を穴を掘って埋めるのが地方の古くからの習わしで、そのように掘ってある穴に逃げ込んだのだ。しかし、そこで、日本軍機による爆撃を受け、陳桂芳さんの母はその場で死亡する。陳桂芳さんは頭と腹と右腕などを負傷し気を失なうが、命はとりとめた。

爆撃で重傷を負った陳桂芳さんは陸軍病院に運ばれ治療を受ける。やがて陳桂芳さんの意識が戻ると、頭も身体も包帯で包まれていて負傷していることが分かるが、一番苦しいのは耳をやられたことだ。耳の奥で大きな音がずっと鳴り続けるので、夜もなかなか眠れない。この耳鳴りの症状は今も続いていると陳桂芳さんは話す。

そして、耳鳴りに苦しむ陳桂芳さんは、父も母も爆撃で死亡したことを知らされる。一人娘の陳桂芳さんは一人ぼっちになってしまったのだ。何をすればよいのかまるで見当もつかず、困って、困って、困って…

…。（陳桂芳さんは泣きながら、涙を流しながら証言を続ける。）

両親の遺体は、周りの人に助けてもらい、湖北区のコイというところにある墓に二人いっしょに埋葬したが、まだ幼い陳桂芳さんが両親を失くし、親戚の人と連絡を取ることもできず、どうすれば良いのか分からず困り果ててしまう。

病院から、自宅があったところに戻っても、陳桂芳さんの家は完全に破壊されていて跡形も無い。家がなくなり行く所もなく、食べる物も着るものも何もない。かわいそうに思って近所の人が食べ物を持ってきてくれる。食べる物がないときは、おなかがすいても我慢するしかない。

陳桂芳さん

爆撃で両親を失くし、まだ幼なかった陳桂芳さんは一人だけ残された。頭に突き刺さったままの爆弾の破片は、頭痛と耳鳴りで陳桂芳さんを今も苦しめる。

失意の中で陳桂芳さんは、燃え残った炭や石炭を拾い集めて売り、それで手に入れるお金で一番粗末な米を買って食べることを始める。頭が痛くなり倒れてしまう病気をかかえているので、石炭を拾い集めているときにこの病気で倒れてしまうことがしょっちゅうあった。頭痛が治まると石炭拾いをまた始める。

陳桂芳さんをかわいそうだと思っ

ている女性が近所にいた。その女性は、近くの紡績工場で児童労働者を募集しているという話を聞くと、あわてて陳桂芳さんを探し、石炭で黒くなっている陳桂芳さんの身体を洗い、その女性の服を着せ紡績工場に面接に行かせた。しかし、募集している児童の条件は身長が一メートル以上ということであり、まだ背が低い陳桂芳さんは採用してもらえない。また、次の機会を待つしかなかった。

しかし、紡績工場の近くにある売店で食料品を売っている人が工場の関係者をよく知っていたので、陳桂芳さんが置かれている状況を採用試験の責任者に説明し、もう一度陳桂芳さんに試験を受けさせてくれた。採用試験の責任者は事前に相談を受けているので手心を加え、身長を測るときに陳桂芳さんは少し背伸びして一メートルを超え、採用されることになる。

採用されたとはいえ陳桂芳さんの身分は児童労働者であり、とても厳しく管理され、給料も少ない。しかし、食べることだけは心配しなくてもすむようになった。

最初の紡績工場で働き始めてから一カ月後に、近くの別の紡績工場で労働者を募集していることを陳桂芳さんは聞き付ける。労働条件は今よりも良いので、陳桂芳さんは最初の紡績工場をこっそりと抜け出し、新しい紡績工場で働くことにする。就業するための条件の一つに、寝具の布団は自分で持ち込むというのがあったが、何も持っていない陳桂芳さんに近所の女性が自分の布団を貸してくれたので、本当に助かった。

陳桂芳さんの頭と耳は、仕事中にも寝ている時にもしょっちゅう痛む。夜中に痛みが出ると眠ることもできない。しかし、仕事を失くしては困るので、我慢するしかない。仕事中に頭痛で意識を失ない倒れてしまうこともあるが、陳桂芳さんの体調を同僚はよく知っていて、みんなが気にかけて世話をしてくれるので本当に助けられた。

そういう同僚の中に、親身になって仕事の面倒をみてくれるとても親切な女性がいた。その女性は、そのあと陳桂芳さんの夫になる男性の叔母にあたる人で、その叔母さんが、小さい時に父を失くし母一人で育てられた不幸な家庭の男性だけどいい人だと言って、叔母さんの甥《おい》との結婚を薦めてくれる。そして陳桂芳さんは、叔母さんから薦められた男性（叔母さんの甥）と一七歳のときに結婚する。

結婚したあと、夫の母は、陳桂芳さんをたくさんの病院に連れていき、病気を治すために色々なことをしてくれる。しかし、病院で処方される薬をずっと飲み続けても、陳桂芳さんの頭痛と耳鳴りには効き目はほとんどない。

一九五〇年に子どもが生まれるが、陳桂芳さんは身体が弱くて子どもの世話はできなかった。しかし、夫の母が代わりに子どもの面倒をみてくれる。夫の母は本当にいい人で助けられた。

そうこうしながら、定年で退職するまで陳桂芳さんは頑張って仕事を続ける。

陳桂芳さんの頭痛の原因は、たくさんの医者に診てもらってもずっと分からなかったが、二〇一四年に頭部のレントゲン写真を撮り、頭の中に爆弾の金属片が入ったままになっていることが初めて判明する。爆撃を受けたとき頭に突き刺さった金属片が陳桂芳さんを頭痛でずっと苦しめてきたのだ。

今は毎日三回薬を飲んでいる。夜は薬の量が特に多い。薬のおかげで、今は少し眠れるようになっている。

陳桂芳さんはこう話して証言を終える。

簡全碧《かんぜんへき》さんの重慶爆撃

簡全碧さんは一九三七年生まれの女性で、現在（二〇一六年）七九歳。陳桂芳さんに続けて三人目の幸存者として自身の体験を次のように証言する。

一九三九年五月四日の日本軍機による爆撃の時は、簡全碧さんと家族は農村に逃れていたので無事だったが、家は完全に破壊されてしまった。家を失くした簡全碧さんの家族は祖母の家で暮らすことになる。当時の祖母は多少のお金を持っていて、家も大きかった。しかし、爆撃で自分の家がなくなり何もかも失くした簡全碧さんの母は将来を悲観し、心配しすぎて頭がおかしくなってしまう。

一九四〇年八月一九日の空襲ではカンピョウ街が爆撃される。その日、空襲警報が鳴ると、父は、妹と頭がおかしくなっている母を祖母の家から先に連れ出して近くの防空壕に避難させ、祖母と簡全碧さんを連れ出すためすぐに引き返してくる。そのとき祖母の家が爆撃され、祖母は死亡する。その様子を、祖母の家に戻って来た父は目の前で見ていた。祖母といっしょにいた簡全碧さんは爆弾の破片が当たり重傷を負うが、命だけはとりとめる。この日の爆撃で祖母の家は完全に破壊され、銅製のお盆一つしか残らなかった。

この爆撃のあと父は臨時の仮設の住居を建て、両親と簡全碧さんと妹の四人はそこで暮らす。しかし、頭がおかしくなっている母は、この仮設の住居で暮らしているうちに身体が弱り、一九四二年に死亡する。

母が亡くなると父は、二人の幼い子どもの面倒をみることができなくなり、妹は他人に譲り渡される。簡全碧さんは大怪我をしているので、他人にもらってもらうことはできず、伯父（母の兄）に引き取られる。

一人になった父は、重慶に住んでいる叔父（父の弟）のところに身を寄せた。

しかし、簡全碧さんを引き取ってくれた伯父の家は元々ぎりぎりの生活をしていて暮らしは楽ではなく、そこに他所から簡全碧さんが加わり食べる人が一人増え、生活は一層苦しくなる。（簡全碧さんは泣きながら証言を続ける。）だから、食事の時に簡全碧さんは周りの人の顔を見てばかりで、本当に気まずい思いをする。言葉で表現できないくらい本当に苦しい毎日だった。

このように証言しながら、「日本帝国主義は私たち中国人にこんなに苦しい思いをどうしてさせるのか！」と簡全碧さんは訴える。

簡全碧さん
爆撃で大怪我をした簡全碧さんは、もともと貧しい伯父の家に引き取られ、気まずい日々を強いられる。

さて、時代が変わり、重慶の近くの農村で簡全碧さんは父といっしょに暮らしていた。そして、ある時、いとこ（父の姉の子）が段取りを付けてくれ、簡全碧さんは工場に就職することになる。その前から簡全碧さんは少しずつ勉強していたので、その努力が就職に際し報われることになった。

就職した工場で簡全碧さんは夫になる人に出会い、一九六三年に結婚する。その人は、大学を卒業し技師として工場で働いているとても優しい人で、簡全碧さんを心からかわいそうに思い、いろいろと尽くしてくれた。夫は家事を全部一人でやってくれ、優しい素晴らしい夫ということで工場では有名だった。

その優しい夫は一九九一年に死亡する。夫のことを思い出すとすぐに涙が流れると簡全碧さんは話す。そして、二〇一三年に腎臓の病気で息子も失くす。

重慶爆撃がもたらしたものは、一人一人の個人にとってものすごく大変なことだ。私（簡全碧さん）の悲しい生涯は、日本軍がもたらした災禍だ。だから、日本政府に謝罪を求める。日本政府は歴史を直視し、中国と日本の人民の将来に向き合ってほしい。簡全碧さんはこのように話して証言を終える。

証言を終えたあと、簡全碧さんが大切にしている写真を私たちに見せてくれる。その写真には、結婚したばかりのころの夫と簡全碧さんが寄り添っている姿が写っている。

姜《きょう》遺《い》福《ふく》さんと対日賠償裁判

三人の幸存者が、それぞれの重慶爆撃について証言してくれたあと、重慶爆撃に対する謝罪と賠償を求めて日本の裁判所に提訴している対日賠償原告団の団長補佐を務めている姜遺福さんが次のように話を続ける。

三人の人生は本当に悲惨で涙があふれる。陳桂芳さんは、苦痛で全く眠れない毎日を過ごしてきた。日本軍による重慶爆撃がなければ、あんなに苦しまなくて済んだ。この三人以外にも、今はもう八〇歳とか九〇歳になるたくさんの方々が、幼いときから毎日毎日苦しい生活を強いられてきた。親を亡くし、助けてくれる人は誰もいない、その体験と人生はとてもつらいものだ。

被害者と家族は日本政府に謝罪と賠償を要求し重慶大爆撃訴訟[注06]を日本で始めたが、二〇一五年二月二五日に出された一審判決で日本の裁判官は、重慶爆撃の事実を認定しておきながら「国家無答責の法理」を持ち出し、謝罪も賠償も認めなかった。

二〇一六年一一月一八日に控訴審の第一回公判が東京高裁で開かれるので、粟遠奎《ぞくえんけい》さんを団長とし、重慶市と四川省から三〇名くらいが東京に行く予定でいる。そのうち原告団からは、今日の会合に出席している王西福さん以外の四名を含む一一名が参加する。日本に行くのに多額の費用が必要なので金銭的に厳しいが、生活費を節約し、全てを自分で工面し自費で日本へ行く。東京では、日本の東京空襲遺族会の方々との交流も予定している。

この裁判は、賠償だけを目的としているのではない。一番重要な目的は、重慶爆撃の事実を世界中に知らせることだ。戦争が人民にもたらすものは残酷な被害であり、つらい厳しい災禍を再び引き起こさせないため、平和を愛する人々に重慶爆撃の惨状を知らせる。原告の方々はお金には困っているが、生活費を削って頑張っている。そういう原告を支援してくれる人たちの想いは、戦争は嫌だ、平和な生活を続けたいということだ。

姜遺福さんがこのように話したあと、原告団事務局として会合に同席している鐘伝鳳《しょうでんほう》さんが、裁判の目的を確認し重慶爆撃の惨状を知らせてほしいと訴える。

鐘伝鳳さんに続いて王西福さんが次のように一言付け加える。過ちを犯したら、ごめんなさいと謝るのは当たり前のことだ。日本は加害を反省していないから首相や閣僚が靖国に行くし、「右翼」の活動を放置している。韓国の日本軍性暴力被害者を沈黙させるため補助金を出しても、賠償ではないと言い張る。要するに日本は反省していないのだ。

陳桂芳さんも最後に次のように一言付け加える。毎日たくさんの薬を飲んでいるが苦しさは続く。この苦しみは日本の侵略のせいだ。このような酷い人生を強いた日本は謝罪するべきだ。

午後一時一〇分ころに幸存者の証言を聞く会を終了し、そのあと、お土産を渡したり記念写真を写したり、つかの間の交流を楽しむ。そして、午後一時半ころに、幸存者と原告団の皆さんと別れる。そのあと重慶市内の食堂に行き、証言を聞いたあとの複雑な気持ちを整理できないまま昼食を食べる。

（注）東京高裁で行なわれた重慶爆撃裁判の控訴審は二〇一七年一二月一四日に判決が出され、日本軍の爆撃による加害と被害の事実を永野厚郎裁判長は認めたが、被害者と遺族が要求している謝罪と賠償は認めなかった。判決後の記者会見で粟遠奎《ぞくえんけい》原告団長は、「不当で放漫な判決だ。失望した」と永野厚郎裁判長を糾弾した。原告団は、「この問題は次世代に残し引き継がせていく」と直ちに表明し、最高裁に上告した。

黄山抗戦遺跡群

国民政府の首都を南京から武漢を経て重慶に移した蒋介石は、日本軍による重慶爆撃を避けるため、重慶市街からかなり離れている南山の山中に国民政府の拠点を構えた。その拠点の地が、現在では黄山抗戦遺跡群と称される地域であり、重慶抗戦遺跡博物館として整備され一般に公開されている。

その黄山抗戦遺跡群に向かうため、重慶市街にある食堂を午後二時半に私たちの訪中団は出発する。そして南山の山間地を走り、重慶抗戦遺跡博物館の入場門に午後三時一五分に到着する。その受付窓口でガイドの李衛雄さんが入場券をまとめて購入し、私たちはバスに乗車したまま博物館構内の駐車場に入る。

構内の駐車場のすぐ脇に石畳の広場があり、「台湾光得紀念碑」と刻まれる大きな白い石碑が広場の中央に建立されている。二〇一〇年に建立された新しい記念碑だ。その脇を通り抜け広場の裏側にある階段を上がると、抗日戦争時に侍従室として利用された平屋の建物があり、そこが陳列館に改装されている。

陳列館の中は、縦一五メートル・横一〇メートルほどの展示室になっていて、主に一九三七年以降の抗日戦争時の八年を歴史的背景とし、国民政府の首都・重慶での蒋介石の活動に重点を置いて説明されている。この陳列館の展示や、ガイドの李衛雄さんの説明を基に、黄山と重慶の歴史を簡単にまとめておこう。

重慶市街から離れた深い山中にある南山の最高点の標高は一二〇〇メートルで、その南山の山腹の標高七〇〇メートルの辺りに、地元の富豪である黄氏の別荘があった。日本軍機による爆撃から逃れるため、その黄氏の別荘に蒋介石が入り国民政府の拠点としたため、南山の山中にある黄山は、抗日戦争時の軍事・政治・外交に関わる重要方針の決定地となる。

戦時首都となった重慶の市街地は、日本軍機による無差別爆撃で徹底的に破壊されたが、山中にある黄山が日本軍に攻撃されることはなく、一九三八年一二月八日から一九四六年四月三〇日まで八年近くにわたり蒋介石は政治を主導することができた。

このように、中国民族抗戦の歴史の重要な地となった黄山の山中に、国民党とアメリカ軍の幹部のための官舎などとして使用された建物などが黄山抗戦遺跡群として数多く残されているので、その地が重慶抗戦遺跡博物館として整備され公開されている。

さて、侍従室を改装した陳列館から外に出て少し歩くと、たくさんの建物が周辺に分布していることが分かる。そして、二〇〇段ある長い階段を上がった先の、この辺りで一番高いところに雲岫楼《うんしゅうろう》と呼ばれる建物がある。一九二五年に建てられた建築面積三六〇平方メートル余の三階建ての雲岫楼は、一九三八年から一九四六年の間は蒋介石の官邸として使用され、重慶の政治や軍事の中心となったところだ。蒋介石の家族も当時は雲岫楼に居住していた。

重慶抗戦遺跡博物館の主要施設である雲岫楼は、三階は立入禁止で二階までが公開されていて、蒋介石の執務室や家族の居室などが復元され、当時の写真などの史料が各部屋に展示されている。

雲岫楼を見学したあと、坂道を下りながら黄山抗戦遺跡群のいろいろな施設を確認する。国民政府の幹部の子らが学んだ小学校の建屋も残っているようだ。

一時間ほどの短い見学を終え、午後四時二〇分に重慶抗戦遺跡博物館を出発し重慶市街に向かう。

”六・五“隧道惨案旧址

黄山抗戦遺跡群がある南山の山間地から山を下り重慶市街に戻る。高層ビルが林立し、大量の車が道路にあふれる重慶はまさに大都会だ。その重慶の中心街である渝中区に史跡として保全されている”六・五“隧道惨案旧址に午後五時一〇分に到着する。黄山から五〇分ほどの移動時間だ。

現在の重慶の繁華街にあり、日本軍機による爆撃から避難する防空壕として抗日戦争時に利用されていた全長二・五キロのこの隧道（トンネル）で何があったのか……。

“六・五”隧道惨案旧址

爆撃で2200人が一度に死亡した隧道（トンネル）の出入口に設営された追悼施設。

一九四一年六月五日の夕刻、いつもと異なる時間帯に日本軍機が重慶を爆撃する。思いがけない時間に空襲警報を受けた重慶の人々は、市街地にあるこの防空壕にも避難のため殺到する。そして、通常は五〇〇〇人しか入れないこの防空壕に一万人が逃げ込んだ。しかし、真夏の六月のことなので防空壕の中はとても暑く、空気も悪くなる。苦しくなり外に出ようとしても、大勢の人で鮨詰め状態になっている壕内では身動きもできない。空襲は三時間続き、大混乱による圧迫に酷暑と酸欠が重なり二二〇〇名が壕内で死亡する大惨事になった。

惨劇の現場は重慶市人民政府により二〇〇〇年九月七日に重慶市文物保護単位として公布され、渝中区人民政府により史跡として整備が進められ、二〇〇二年一月二〇日に記念（追悼）施設が竣工している。

その現場に立ち記念施設を確認すると、繁華街にある隧道の入口に、縦一〇メートル・横五メートル・高さ五メートルほどの石積みの壁と石造りの彫像が片側の歩道を遮るように設置され、その中に、五メートル四方ほどの小さい

「"六・五" 隧道」のもう一方の出入口
出入口から20メートルほど奥にある鎧戸で閉鎖されていて、それより奥には立ち入れない。

展示場も開設されている。展示場は午後五時に閉鎖されているのでもう入場できないが、窓越しに中を覗くことはできる。その展示場には、当時の写真などが掲示されている。

私たちは、記念施設として整備されている石積みの壁の前に、「不忘悲痛之事実、反省・追悼・和平」と記した書（色紙）と花束を供え、犠牲者を追悼し再び侵略しないことを誓う言葉を、「万人坑を知る旅」訪中団の幹事役を務める野津加代子さんが読み上げ、続けて訪中団員が全員で黙祷する。

この隧道（防空壕）のもう一方の出入口は、展示場が併設されている記念施設から少し離れたところにあるので、そこまで歩くことにする。繁華街を少し歩くと、急峻な傾斜地にある街並を見下ろすことができる、人通りの多い公園のような所に出る。そこから眼下に見える坂道が続く辺りは一八梯と呼ばれる一帯で、重慶の古くからの街並が残っている。ほんの少し前まで、昔からの街並に息づく昔ながらの人々の生活と風情があったところだ。しかし、一八梯と呼ばれるこの辺りにも都市化の波が容赦なく押し寄せ、竹を編んで作られている伝統的な住居など古い街並の取り壊しが今も目の前で進行中だ。

その一八梯の坂道を下る途中にある、個人の住宅が建ち並ぶ一つの居住区の中に隧道（防空壕）のもう一方の出入口があるが、その居住区への出入口が鉄柵で閉じられている。一八梯を訪れる大勢の観光客が居住区内に入ってくるのを止めているのだろう。それで、鉄柵越しに、中に入れてくれるように居住区の住人に頼むと、鉄柵の鍵を外して居住区内に愛想よく入れてくれる。おかげで私たちは、居住区内にある隧道（防空壕）のもう一方の出入口まで行くことができた。しかし、隧道（防空壕）の出入口から二〇メートルほど奥に入ったところにシャッターが設置され閉鎖されているので、それより奥の情況を確認することはできないようだ。

重慶の火鍋と夜景

午後六時過ぎに一八梯まで迎えに来てくれた貸切のバスに乗車し、重慶の名物料理である火鍋で有名な食堂に向かう。長江を航行する船で働く労働者が、長江の冷気で底冷えする船の上で豚などの臓物（ホルモン）を鍋で煮て食べたのが火鍋の始まりで、冷える中なので食事の最中も鍋に火を入れ続けるようになったとのことだ。

ガイドの李衛雄さんが推奨する有名店の火鍋は、一人ずつにあてがわれる小振りの鍋の中が中央部と周辺部に仕切られ、唐辛子などで真っ赤になっているスープが中央部に、ダシの効いた透明なスープが外側の周辺部にそれぞれ入っている。しかし、辛いと言われる真っ赤なスープもそれほど辛くはなかった。

火鍋を食べたあと、重慶の中心街が広がる中洲で一番高い山の上にある鵝嶺公園に行き、その山頂に建立されている巨大な塔に上り、重慶の夜景をながめる。北側を流れる嘉陵江と、南側を流れる長江に何本もの橋がそれぞれ架かり、川沿いの街並と長大な橋が色とりどりの照明で暗闇の中に浮かび上がる様子は圧巻と言うか、観光客を引きつける壮大な夜景になっている。

第三章　常徳

重慶から常徳へ

長江流域訪問第三日目の一〇月二〇日は、重慶から湖北省の荊州を経由して湖南省の常徳に移動し、常徳細菌戦の被害者と研究者に会い話を聞くことにしている。

時間に余裕を持って重慶駅に着いた私たちの訪中団は、重慶駅を午前八時三九分に発車する高速鉄道に乗車し湖北省の荊州に向かう。重慶を出た列車は険しい山の中を長江沿いにずっと走り続け、長いトンネルを抜けると深い谷に出て、その深い谷を鉄橋で渡るとすぐまたトンネルに入るということを繰り返す。

乗車後に、車内販売の四〇元（約六〇〇円）の牛肉弁当を昼食用に事前に注文しておいたが、昼ころに販売員が暖かい弁当を持ってきてくれる。その弁当は、旨くはないが、まずくて食べれないということもなく、とにかく腹を満たすことはできるという程度のものだ。

重慶を出てから山の中をずっと走り続けてきた列車はいつの間にか湖北省に入っていて、一二時四八分に宜昌東駅に着く。そして宜昌東駅を出ると、その先（東方）は平坦な平野がずっと続きトンネルや谷はなくなる。

重慶を出てから五時間ほど走り続けてきた高速鉄道は予定より少し遅れ、午後一時四〇分ころに荊州に到着する。荊州はかなり強い雨が降っている。その雨が降る駅前から貸切の大型バスに乗り午後二時前に荊州を出発し、高速道路を利用して、約一八〇キロ南方に位置する常徳に向かう。

荊州を出ると、すぐに長江大橋を渡る。二〇〇二年一〇月に開通した長さ四四〇〇メートルの長大な橋で、湖北省から湖南省に行くのが飛躍的に便利になっている。長江大橋ができる前は、荊州から常徳に行くには武漢を経由しなければならず、八時間かかったということだ。しかし、長江大橋が開通してからは、二時間半ほどで常徳に行くことができるようになった。

途中の料金所で、湖南省に入る届け出を済ませ、午後三時に湖北省から湖南省に入る。そのまま南に向かって進み、常徳市内にある宿舎のホテルに午後四時四〇分に到着する。

荷物を降ろし一旦部屋に入ったあと、午後五時二〇分に宿舎のホテルを出発し、常徳細菌戦被害者らから話を聞く会場になる別のホテルに一五分ほどで移動する。そこで、常徳細菌戦の幸存者である張礼忠さんと研究者の葉栄開さんと合流する。張礼忠さんの息子さんがこのホテルの社長なので、会合の会場をこのホテルに設定し、私たちを招いてくれたということだ。

さて、私たちは、証言を聞くなどの会合を先にするものと思っていたが、張礼忠さんは先に夕食を食べると言う。それで、まず、二階の食堂にある豪華な個室に入り、丸い大きな食卓を囲む。このあと会合を予定しているのでお酒抜きの夕食としたが、心がこもる多様で豪華な料理はとても旨い。日本からやってきた私たちをこのように歓待してくれる張礼忠さんと葉栄開さんの心遣いが有難い。

常徳細菌戦

食事を終えたあと、午後七時ころから常徳細菌戦に関わる話を葉栄開さんと張礼忠さんから聞くことになるが、その前に、笠原十九司著『日中戦争全史』(注04)の「中国民衆が被った細菌戦の被害」(注07)の項から基礎的な部分を引用し、常徳細菌戦について簡略ではあるがその全体像をまず把握しておこう。

「日本軍は七三一部隊の製造した細菌兵器を中国各地の作戦で使用した。多く使用したのは……抗日根拠地、抗日ゲリラ地区の絶滅を目的とした燼滅掃蕩《じんめつそうとう》作戦（三光作戦）においてであったが、国民政府軍との正面戦場においても、細菌戦を実施した。

……聶莉莉《ニエリリ》『中国民衆の戦争記憶――日本軍の細菌戦による傷跡』(注08)は中国人の文化人類学者が、一九九八年以来、七年間にわたり、七三一部隊による細菌戦被害地の一つ、湖南省常徳地域に赴き、細菌戦の戦争被害に関して現地の被害者や遺族を訪問して聞き取り調査をおこない、同時に日本軍の史料をふくめた関連資料を調査収集、さらに被害地の市街区や村々を踏査して、細菌戦の被害の全体像を学問的に明らかにした本である。以下は、同書から要旨の紹介である。

一九四一年一一月四日早朝、日本軍の飛行機が飛んできて、ペストに感染したノミを数十キロの綿や雑穀と共に常徳市内の『鶏鵝巷』という地域に投下した。当時の常徳市の人口は六万人前後だった。散布から一週間後に、市内にペストが流行し始めた。ペストには肺ペストと腺ペストの二種類があって、前者はペスト菌が人間の肺に侵入して発病し、人間から人間へ直接感染した。後者はノミを介して伝染し、ペスト患者が死亡するとノミが死者の身体から離れて、生きている他の人を刺して感染させる。肺ペストは感染するとすぐに当日でも発病したが、腺ペストは二、三日潜伏してから発病する。

家族に発病者がでると、家族が必死に看病したので、家族間に伝染し、家族全員が死亡して家系が絶えてしまうこともあった。人工密度の高い市街地ではペストがあっという間に爆発的に広がり、多数の死亡者がでた。常徳市内の住民には、近郊農村の出身者が多く、ペストで倒れた農村出身者は故郷に帰って死にたいと思い、担架や荷車などに運ばれて、自分の村に戻ると、今度はその村にペストが流行した。村は共同の井戸水を使ったり、村中を生活用水が流れていたりしたので、ペストは村中に広まった。楓樹崗という人口六五〇人ほどの村に一人の感染者が運ばれてきたために、爆発的にペストが流行、村民一八七人が死亡した。蔡家湾村という蔡氏一族の村は、三七一人の村民中、当時二一歳の男性が生き残っただけで、三七〇人が死亡した。

桃源県は常徳市から二〇数キロ離れていたが、豚を販売する商人が豚を連れて常徳へ行き、感染して家に戻るとすぐに倒れ、彼の死後、家族や近い親族が一四人も死亡した。さらに、周辺の省から常徳へ行商にきていた人たちが感染し、自分の家に戻る途中で伝染させるということもあった。

常徳市内で発生したペストは、近郊農村、周囲の県や町さらにその周辺の農村と、人々の交流圏・生活圏を通じて、常徳地域にとどまらない広範な地域に膨大な犠牲者を出したのである。

一九九〇年代後半に細菌戦被害を受けた本人や遺族を中心にして常徳細菌戦被害調査委員会が設立され、広範な調査活動によって作成した『日本軍七三一部隊細菌戦被害者名簿』によれば、被害死亡者数は七六四三人で、被害者は一三の県・七〇の郷鎮・四八六の村落に分布している。しかし実際には、この数字より遥かに多かったと思われる。

当時住民は、多数の死亡者が発生した原因が、日本軍の細菌戦によるものとは知るよしもなく、死者を出した家は、先祖が悪かった、怨霊が宿っているなどと噂され、周囲から恐れられ、恨まれて、地域社会から孤立を余儀なくされた事例が多かった。またペストが流行した村が、その村は呪われている、村民は疫病神にたたられているので、関係をもつな、娘を嫁にやるな、などと周辺地域からの偏見と差別にさらされた場合も少なくなかった(注07)」。

葉栄開さんの常徳細菌戦

常徳細菌戦研究者の葉栄開さんと幸存者の張礼忠さんと私たち訪中団の常徳細菌戦に関する会合は午後七時から始まるが、李秉剛さんが訪中団員に事前に配布してくれている『常徳資料』を、この会合が始まる前に李秉剛さんから葉栄開さんと張礼忠さんに直接手渡している。その『常徳資料』を踏まえ、研究者の立場から葉栄開さんが次のようにまず話してくれる。

一九四一年一一月四日の朝六時半ころ日本軍の飛行機が三六キロ爆弾を常徳に投下したということなど常徳細菌戦に関わる基本的な史実は、先ほど李秉剛教授からいただいた『常徳資料』に詳しく書かれているので、今日のこの場で説明する必要はないだろう。

それで、私(葉栄開さん)たちは、常徳細菌戦の被害に関わる調査を二〇年にわたって行ない、常徳周辺の一三の県、四八〇余の村を調べた。それぞれの村でそれぞれの村民の家まで訪ねて行き、それぞれの村民

李秉剛さんと葉栄開さん

葉栄開さん（右）らの調査では、常徳細菌戦の犠牲者は1万5000人にもなる。

から事情を詳しく聞き取った。各地方のそれぞれの村に調査網ができていて、二〇〇名くらいの調査員がいる。その二〇〇名の調査員が調べた結果を色々と分析し、その全てをまとめ、少なく見積もっても一万五〇〇〇人もの細菌戦犠牲者が存在することを確定できた。歴史に責任を負うため、たとえ犠牲者数が少なくなっても過大に見積もる間違いだけは避けるよう正確であることに努め、真摯に被害認定をした結果が一万五〇〇〇人だ。

この一万五〇〇〇人の犠牲者について、裁判における日本の友好弁護団の指導の下に、それぞれの被害者のようすや症状や病状を真摯に詳細に再確認し、確実な死者数を七六四三人とした。残りの七〇〇〇人から八〇〇〇人については、不明なところがほんのわずかにあるなどというような理由で死亡者だと認定することを保留したが、この時の資料と調査結果は、後世の研究に役立てるためきちんと残しているので、これからも研究を続けてもらいたい。ともあれ、七六四三名という死者数は、日本の弁護団が詳細に吟味し審査して確定した確実な人数であり、日本の裁判所で何回も審査され認定された人数だ。

一九九六年に日本で起こした裁判で日本政府に要求したことは、事実を認めること、被害者に謝罪し賠償すること、そして、細菌戦に関する詳しい史料やデータを公表することの三点だ。訴訟を通して被害者たちは、日本政府が歴史を尊重することを求めたのだ。

一九九七年から日本の裁判所で審理が始まり、三段階の裁判を通して日本政府と闘ったが、民は官を訴えることはできないなど不条理な理屈をでっち上げて日本の裁判官は賠償請求を認めなかった。しかし、日本の裁判官は、日本が常徳で細菌戦を実施して常徳人民を殺害し感情を傷つけたことを認定している。それなのに、日本政府は細菌戦の事実を認めようとしない。

二〇〇七年の最高裁判決で裁判は終わったが、日本政府に対する闘いは今も続いている。常徳の細菌戦に関わる色々な事実や情況をさらに調べ、そのあとユネスコに提訴することにしている。

常徳細菌戦に関わる史料は、常徳の地元である湖南省の档案館（図書館のような専門機関。歴史史料や公文書などの資料を保管し管理している）に確実に保管されていて、詳しく把握できている。日本軍が常徳で細菌戦を実施したことは紛れもない事実であり、日本政府が史実を否定することはできない。訴訟に対する我々の決意にゆらぎは無い。三世代にわたり一〇〇年かかっても日本政府に事実を認めさせると決意している。

張礼忠さんの常徳細菌戦

葉栄開さんが研究者の視点から話してくれたあと、常徳細菌戦の幸存者であり犠牲者の遺族でもある張礼忠さんの証言を聞くことになる。

張礼忠さんは一九三二年二月五日（旧暦）生まれで、現在（二〇一六年）八四歳。常徳細菌戦に関わる史実や、日本で行なわれた裁判の情況などをまとめた書籍『慶祝抗日戦争勝利七十周年／鉄証如山不容抵頼』(注09)（抗日戦争勝利七〇周年を祝う／動かぬ証拠が山のようにある。言い逃れは許さない）を二〇一五年八月一五日に発行している。A４判で二八〇ページにもなる大著である。

さて、張礼忠さんは常徳細菌戦の被害者だが、自身の体験を話す前に、別の二件の集団死亡の事例をまず紹介してくれる。一例目は、常徳から一五里（七・五キロ）くらい離れている農村に住んでいたシュ＝ドウジという三一歳の男性が発端になる事例である。

シュ＝ドウジさんは水を売るのが仕事で、水を入れたカメを天秤棒の両端に吊り下げて街を歩き回り水を売っていた。そのシュさんが一九四二年六月中旬に病気になる。それで、常徳市内に住んでいるシュさんの親戚の三人が、病気にかかったシュさんを、郊外にあるシュさんの家に連れて帰った。しかし、その日の夜にシュさんは死亡する。その翌日に、シュさんを家に連れて帰った親戚の三人も死亡する。そのあと、シュさんの妻と九歳の息子も病気にかかり死んでしまう。

亡くなったシュさんらのために村の人たちが大勢集い葬式を出してくれた。しかし、そのため病気が一気

李衛雄さんと張礼忠さん

張礼忠さん（右）は細菌戦などで家族６人を失くし、残された母と弟と張礼忠さんの生活は困窮する。

に広まり、五〇〇〇人くらいいたシュ家一族のうち二〇〇人くらいが死亡してしまう。このとき、最初のうちは亡くなる人が少ないので、一体ずつ棺桶に入れて埋葬することがちゃんとできたが、そのうち棺桶が足らなくなり遺体がそのまま埋葬された。

二例目は、常徳から六〇里（三〇キロ）くらい離れている大橋村の事例だ。当時の大橋村には、サイ一族ら九九戸の三九〇人が暮らしていた。その大橋村で一九四二年七月のある日、衣服の裁縫を仕事にしてあちこちの村を回っている人が、裁縫の仕事中にペストにかかる。すると、それを発端に、サイ一族三七一人のうち三七〇人がわずか一五日間のうちに死亡してしまう。たった一人だけ残されたサイ一族の人は、山の裏手にある寺にいたため病気にかからずにすみ、生き残ることができた。

二件の集団死亡の事例を張礼忠さんは初めに紹介してくれたが、犠牲者が一〇〇〇名にも二〇〇〇名にもなる別の集団死亡の事例もあるとのことだ。

そのあと、家族全員がそろって写っている写真を私たちに見せながら、張礼忠さん自身の家族の被害状況について説明してくれる。常徳細菌戦の当時、張礼忠さんの家族は、ジョウセイガイという常徳の繁華街に住んでいた。暮らしはけっこう裕福で幸福な家族だった。

五人兄弟の二男である張礼忠さんが一〇歳だった一九四二年一〇月のある日、四男で五歳になる弟と五男で三歳になる弟をお手伝いの女の子が連れて街に遊びに出かけた。そして自宅に戻ると、いつもしているように弟たちの額や顔に祖母が手を当て、熱があるかどうかを確かめる。すると、四男と五男の弟は高熱におかされていることが分かる。お手伝いの女の子も同様に高熱におかされている。すぐに医者を呼んで診てもらうが、弟たちはかなり重篤のようだ。お手伝いの女の子は実家の方にすぐに帰された。

高熱におかされた二人の弟は、看病のかいもなく、その日の夜のうちに死んでしまう。張礼忠さんは、二人の弟が目の前で死ぬのを見た。しかし、弟が死んだことを周囲に悟られないようにするため、家族は皆が泣くこともできない。というのは、当時の国民政府は土葬を認めず、人が死亡すると火葬にしていたので、張礼忠さんの家で弟が死んだことを知られると遺体が政府に取られ火葬されてしまうからだ。遺体を土葬するのが中国の人々の古くからの習わしなのだ。

張礼忠さんの家族は二人の弟の遺体をカゴに入れ、その上に布をかけ、城外に運んで埋葬した。違反が見つかると二〇〇元（？）の罰金を政府に取られ、さらに、遺体を火葬にされてしまう。だから、見つからないようにするため、遺体を運びながら泣くこともできなかった。

弟二人が死んでからは、「私のかわいい子どもたちはどこに行ってしまったのか」と毎日口癖のように祖母は繰り返していた。そう言い続けて、それから二カ月後に祖母は病気で亡くなる。さらに、祖父は、親戚で行なわれる何かの宴席に出席したときにペストにかかり、その日のうちに死亡した。

その後、常徳で戦闘が起きたとき、張礼忠さんの家族は他所に避難する。お手伝いのおばさんには、実家に帰るように父が説得するが、おばさんは、張礼忠さんの家に残り家を守るので実家には帰らないと言う。戦闘が一段落して張礼忠さんの家族が家に戻ると、家の外の庭で、衣服を身に着けない裸の状態でおばさんが死んでいた。おばさんの陰部には棒が突き刺されていた。

その後も常徳で戦闘が続き、張礼忠さんの家は火事で三回も焼け財産をすっかり無くしてしまう。そして、手元に残ったわずかのお金を持って大声で笑ったあと父は植物人間になってしまう（気が狂ったということか？）。母の体調もすぐれなかった。

一連のペスト騒動の翌年（一九四三年）に、常徳で繰り返される日本軍との戦闘から逃れるため二回目の避難をしているとき、その途中で父は死亡する。この時点で張礼忠さんの家族で死亡しているのは祖父・祖母・父と弟二人（四男と五男）の五人であり、父以外の四人は、細菌戦が原因となる病気にかかり死亡した。そして、母と兄（長男）と張礼忠さんと弟（三男）の四人だけが残された。

父が亡くなってからは兄（長男）が家族を支えていたが、張礼忠さんは日本軍の空襲で足を怪我しているなどで力が弱く、家族を支えることはできなかった。それからしばらくすると兄も死んでしまい、大黒柱の父を既に亡くしている一家で、母と張礼忠さんとすぐ下の弟（三男）の三人だけが残された。裕福で幸福だった家庭は崩壊し、生活基盤を失くした三人は非常に貧しくなり、腐ったパンとしなびた野菜しか食べれなくなるなど乞食のような生活に苦しめられる。

生活に困窮した張礼忠さんら三人は、張礼忠さんの伯父で、洞庭湖に浮かぶ小さな船を住居にして暮らしている劉さんを頼り、劉さんの舟でいっしょに暮らすことになる。しかし、劉さんの小さな船の上で暮らす五年ほどは奴隷生活そのものになる。張礼忠さんと弟は、劉さんの貨物船を引っ張るなど厳しい仕事をさせられる。アルバイトであれば給料をもらえるが、二人は一銭の賃金ももらえない。

一方で、劉さんの元を離れては生活できない張礼忠さんの母と伯父の劉さんの間に女の子が二人生まれる。その後、劉さんの船が沈没するときに、劉さんと女の子のうちの一人は死亡した。

劉さんの船に乗って過ごした五年間は、苦力《クーリー》（肉体労働者）というより、怒られたり殴られたりしながらただ働きを強いられる奴隷でしかなかった。張礼忠さんの頭に今でも跡が残っている傷は、劉さんに殴られてできた傷だ。

さて、張礼忠さんは、常徳細菌戦に関わる近年の情況についても次のように説明してくれる。

常徳細菌戦の実態を明らかにするための調査団は組織がしっかりと構築されていて、行政関係においても市や村の段階までしっかりと調査されている。現在は、常徳細菌戦の犠牲者総数が一万五五二〇人になることが分かっているが、通常は「一万五〇〇〇人の犠牲者」と言っている。今は改装中なので入館できないが、抗日戦争展覧館で細菌戦のことを展示しているし、学校の中にも展示場が設営されている。常徳の細菌戦のことは、若い人も含めて皆が知っている。

張礼忠さんは、細菌戦に関わる支援活動に手弁当で参加し、日本の友好弁護団に招聘され裁判のため日本に六回も行っている。そして、日本政府に対し、被害者への誠実な謝罪と適正な賠償を要求している。

賠償の無い謝罪は虚偽の謝罪であり、謝罪のない賠償は心からの本当の賠償ではない。真心を込めた謝罪と実質的な賠償が必要だ。そうしなければ、本当の意味での中日間の友好関係を築くことはできない。このように張礼忠さんは考えているのだ。

自分の家族のことを文章に書いていると、書きながら泣いていて、涙が出すぎて今は左目が見えなくなってしまった。一〇月二〇日の夜に開催した会合で最後にこのように話して張礼忠さんは証言を終える。

張礼忠さんと葉栄開さんとの会合は午後八時半ころに終了し、日本から持ってきたお礼の品や本などを渡し、記念写真を写す。そして、このホテルで張礼忠さんと葉栄開さんと別れ、訪中団は宿舎のホテルに戻る。

常徳会戦陣亡将士公墓

張礼忠さんから常徳細菌戦の証言を聞いた翌日（一〇月二一日）の早朝に、訪中団が宿泊しているホテルに張礼忠さんが来て、資料集『鉄証如山不容抵頼』(注09)を訪中団員全員に手渡してくれる。

資料集を手渡すと張礼忠さんはそのまま自宅に帰り、私たちの訪中団は、常徳会戦陣亡将士公墓に行くため午前八時にホテルを出発する。そして、二〇分くらいで、常徳市内にある公墓に到着する。

一九四三年末に闘われた常徳会戦で死亡した中国軍兵士が眠るこの公墓は、湖南省人民政府により一九九六年一月四日に湖南省級文物保護単位に指定されている。その公墓は、広大な面積を有する静かで落ち着いた公園に整備されていて、公園の入口にそびえる石造りの巨大な門に「陸軍第七十四軍常徳会戦陣亡将士記念坊」と刻まれている。公園の中央に建立されている巨大な記念碑には「陸軍第七十四軍常徳会戦陣亡将士記念塔」と刻まれている。

公園の前を通る広い道路の両側に、南京市街にある道路と同じようにプラタナスの並木が続くが、南京のプラタナスに比べ幹が随分と細いので、植樹されたのはそう古い時代ではないようだ。

第四章　廠窖《しょうこう》

廠窖《しょうこう》は、洞庭湖など大小の湖沼や河川が数多く集中している湖南省北東部の一大水郷地帯のただ中にある。風光明媚で水上交通が盛んな湖北省北部の水郷地帯は、多様な魚介類などの水産物と米などの農産物の豊かな産地でもある。

その廠窖で、太平洋戦争期の中国における最大の虐殺事件とされている廠窖惨案を、一九四三年五月九日から一一日にかけて日本軍が引き起こした。一九四三年五月五日から六月一〇日にかけて実施された日本軍による江南殲滅作戦の第一期に引き起こされた、廠窖惨案と呼ばれるこの虐殺事件で、三万人余の中国人民がわずか三日間のうちに殺害され、三〇〇〇間（部屋）の家屋が焼かれ、二五〇〇隻余の船が燃やされたのだ。なお、廠窖という地名は、一九五五年四月の行政再編により付された名称であり、惨案当時は漢寿県内の小さな一寒村だった。

さて、長江流域訪問第四日目の一〇月二一日は、常徳市街にある常徳会戦陣亡将士公墓を訪れたあと、午前八時四〇分ころに常徳を出発し、常徳市の中心部から直線距離で約五〇キロ東方に位置する廠窖に向かう。しかし、常徳と廠窖の間は数多くの湖沼が広がる一大水郷地帯なので、道路を利用して廠窖に行くには、水郷地帯を迂回し相当に大回りしなければならない。
訪中団が乗る貸切の大型バスは、朝の通勤時間帯で混雑する常徳市街を通り抜け午前九時過ぎに高速道路に入り、厰窖の北方約三〇キロに位置する安郷まで進む。そして、安郷で高速道路を降り、一般道路を南進し厰窖に向かう。その途中に、道路工事で通行止めとなっているところがあり、引き返して狭い地方道に迂回するなどしながら、一一時一〇分ころに厰窖惨案遇難同胞記念碑の前に到着する。

厰窖惨案犠牲者を追悼する

厰窖惨案で虐殺された同胞を追悼するため、虐殺の現場に南県の人々により一九八六年に厰窖惨案遇難同胞記念碑が建立された。巨大な記念碑の高さは一九・四三メートルあり、これは惨案発生の一九四三年を象徴し、五・九メートルある台座の高さは、惨案の第一日目になる五月九日を示している。記念碑に刻まれる文字は、中国共産党中央委員会顧問である王首道さんが揮毫した。

記念碑の前に到着した私たちの訪中団を、厰窖惨案遇難同胞記念館の職員と近隣の住民らが迎えてくれる。それぞれに簡単なあいさつをかわしたあと、記念碑の前で私たちは犠牲者追悼式を行なう。記念館に依頼し事前に準備してもらっている花束は、竹を編んで作られた背丈の高い大きな籠に、白赤黄などたくさんの花が飾られている相当に立派なものだ。その花束を記念碑の正面に据え、「不忘悲痛之事実、反省・追悼・和平」と記した書（色紙）を供える。そして、訪中団が整列し、犠牲者を追悼し二度と侵略しないことを誓う言葉を野津加代子さんが読み上げる。

廠窖惨案遇難同胞記念碑
19.43メートルの高さは、惨案発生の1943年を象徴している。

廠窖惨案の幸存者
廠窖惨案記念碑の前に並ぶ幸存者。左から、張春秀さん、全伯安さん、郭鹿萍さん、彭奇さん。

犠牲者追悼式を終えたあと、厩窖惨案の幸存者である四氏との昼食会を開催する食堂に向かう。昼食会会場の食堂は記念碑のすぐ隣にあり、一一時四〇分過ぎには食堂内にある大きな個室に入り、大きな丸い食卓を囲んで幸存者の四氏と私たち訪中団が着席する。同席してくれる幸存者は、張春秀《ちょうしゅんしゅう》さん（九二歳）・全《ぜん》伯安《はくあん》さん（九一歳）・郭鹿萍《かくろくへい》さん（九二歳）・彭奇《ほうき》さん（八七歳）の四氏だ。九〇歳を超える三氏を含め四氏ともとても元気な様子で、厨房から次々に運び込まれる多種多様の料理を私たちといっしょに食べる。とても旨い料理に堪能する。

厩窖惨案遇難同胞記念館

記念碑から五〇メートルほど離れたところに開設されている厩窖惨案遇難同胞記念館は、二〇一〇年八月一五日に竣工し開館した新しい施設だ。この新しい二階建ての記念館は相当に立派な施設だが、市や県などが関わる公的な施設ではなく、厩窖惨案の研究者らが発案し民間人の協力で建設され運営されていることが興味深い。

幸存者との昼食会のあと、私たちの訪中団は一二時半に記念館に入館する。入口の正面に「歓迎日本友人来館参観」と大きく表示されているが、私たちのために臨時に表示されたものではなく、常設で表示されているようだ。

記念館の一階は、「日本による中国侵略と洞庭湖の災禍」という主題の下で、「戦局の膠着」「厩窖包囲」「血に染まる厩窖」「残虐な暴行」という副題毎に、写真や図表や解説の各パネルと、当時の生活を示す家財

廠窖惨案遇難同胞記念館
立派な記念館が民間の手で建設され運営されていることが興味深い。

道具や武器などの実物がそれぞれ展示されている。

ごく一部の例外を除けば他の虐殺事件でも同様だが、虐殺が行なわれている正にその時の現場の写真が廠窖惨案でも存在していないことは、残念ではあるがやむを得ない。しかし、それを補うため、幸存者の証言を基に虐殺現場を再現する絵画が描かれ展示されている。目玉をくり抜く、舌を切り取る、女性の乳房を切り取る、生きたまま焼く、頭から顔の皮をはぐ……、描かれている現実は残虐で悲痛だ。

多数の遺体が埋められた現場を、解放後の一九八〇年代に発掘し調査する様子を記録している写真には、山のように折り重なる膨大な数の白骨（遺骨）が記録されている。その発掘現場を等身大に再現する立体模型の展示も行なわれている。

記念館の二階は、「勇敢なる不屈の抵抗」という主題の下で「廠窖の英雄的殉難者」と「徹底抗戦」が、「動かぬ証拠、許されぬ歪曲」という主題の下で「血涙の訴え」と「白骨の証し」が、「歴史を銘記し平和を尊ぶ」の主題の下で「平和祈願」と「鳴り続ける警鐘」がそれぞれ副題とされ、題目に応じる写真や図表や遺品などが展示されている。

このような相当に立派な記念館が民間人の手により建設され運営されているのは興味深く、また貴重な活動だと思う。

厰窖惨案

厰窖惨案遇難同胞記念館に展示されている史実と、李秉剛さんの著書『万人坑を知る』(注10)を主に参照し、たどころあきはる氏による『週刊金曜日』(注11)の記事で内容の一部を補いながら、厰窖惨案と呼ばれる一大虐殺事件の全体像をここで簡略に確認しておこう。

一九四三年二月中旬から江北殲滅作戦を実施した日本軍は、続けて、第一一軍など五万人の部隊を派遣し、一九四三年五月に江南殲滅作戦を開始する。江南殲滅作戦の目的は、洞庭湖の北西地区と荊江の南岸に駐屯している中国国民党軍を殲滅し、さらに、長江を航行する船舶の安全を確保することだ。この江南殲滅作戦の初期に主力部隊として侵攻したのは、長江方面から南下してきた独立混成第一七旅団や第三師団などと、洞庭湖の東から水路を経て回り込んだ針谷支隊などである。

華容・安郷・南県などに駐屯している中国国民党第三七軍の第六および第九野戦部隊は、相対的に強力な日本軍の攻撃を受け相次いで打ち負かされ西方に撤退する。そして、撤退してきた国民党第三七軍の一万人余が五月七日に厰窖に入る。国民党軍の撤退と一緒になり西方に避難してきた石首・公安・華容・南県・安郷などの住民二万人余も同じように厰窖に入る。

厰窖は三方を湖に囲まれており、残された唯一の撤退の道もすぐに日本軍に閉ざされるので、南北に一〇キロ、東西に五キロから六キロ、面積五〇平方キロの廠窖に、国民党軍の兵士一万人余と他所からの避難民二万人余と併せ、地元の住民一万人余も日本軍に包囲されることになる。

一方の日本軍は、独立混成第一七旅団を主力に兵士三〇〇〇人と艦船六〇隻と飛行機数十機を五月八日までに廠窖に集結させる。そして、太平洋戦争期の中国における最大の虐殺事件とされている廠窖惨案が五月九日から開始される。

現在の五一村の辺りになる甸安河《でんあんが》の東岸では、日本軍の艦船に行く手をはばまれ漢寿に撤退できなかった国民党軍兵士五〇〇〇人余と住民一〇〇〇人余が日本軍に包囲される。そして五月九日の朝、朝食を食べ終えるころ、日本軍の騎兵と歩兵が、飛行機の援護を受けて甸安河の河岸に攻撃を始める。

日本軍は包囲を狭め、騎兵が刀を振るって先に民衆に襲いかかり、そのあと、騎兵による虐殺を逃れた民衆を歩兵が襲う。国民党軍の兵士は銃を河に捨てて住民を装い、麦畑や野菜畑に身を隠した。しかし、そのうち四〇〇〇人が川岸に集められ、数カ所に分けて連行されたあと殺害される。犠牲者の遺体は、土手に放置されたり川に捨てられたりした。雨が降った川には大量の死体が浮かび、川の水は薄い赤色に染まり甸安川は血の川になる。

永固垸《えいこかん》には五月八日までに、数千人の難民と国民党軍の兵士が集まっていた。そして五月九日の朝、日本軍は永固垸を包囲して難民らに襲いかかり、老幼男女を問わず手当たりしだいに捕まえる。そのあと、捕まえた人々を空地に集めて縄で一緒に縛りすぐに殺害を始めたので、永固垸は集団虐殺の修羅場となる。

そのうち戴吉禄《たいきちろく》の畑では、縄で縛られた一二〇人が地面に座らされ、簡単な尋問が行なわれたあと刀で刺され虐殺された。戴吉禄の畑では、なんとか脱走することができた三人以外は全員が殺害されている。その他に、袁清家と肖吉成の住居や羅菊東の蓮畑や王錫坤《おうせきこん》の麻畑などが、日本軍による集団虐殺の現場となった。これらの虐殺により多くの家で家族全員が殺害された。また、肖明生の家では二九人の家族のうち二四人が殺されている。こうして、永固垸のいたるところに犠牲者の死体が積み上げられた。

瓦連《がれん》の土手は、洞庭湖を望む長さ三・五キロの土手であり、土手と周囲の高台に数百戸の農家がもともと暮らしていた。そこに、他所から避難してきた数千人の難民が逃げ込んでいた。その瓦連の土手に、永固垸での日本軍による虐殺の様子が伝わると、家の中にいるところを見つけられて殺されるわけにはいかないので、住民や難民は家を出て、土手にある林や深い草むらの中に隠れる。

その瓦連の土手を五月一〇日の早朝に東と西の両方から日本軍が包囲し、人々に襲いかかる。日本兵は、瓦連の土手に沿って進みながら住民や難民を捜して民家に押し入り、住民がいなければ、金品などを略奪したあと家屋に火を放つ。住民や難民を見つけると問答無用で殺害する。

たとえば、豆畑に身を隠していた王永生さんらは日本軍に見つかり、逃げ出した人も捕まえられ、その付近の畑で一〇〇名余が殺害された。王永生さんは銃剣で五回刺され重傷を負わされたが、命だけはとりとめる。同様に、風車拐《ふうしゃかい》の堤の辺りで一〇〇人余が、湯二秀の家でも一〇〇人余が殺害された。蓮子湖では、湖中に追い込まれた三〇〇人が溺死する。風車拐から五〇〇メートルほど離れた辺りでも住民七〇〇人余が虐殺された。

水郷に浮かぶ船で暮らしている「船民」に対しても日本軍は残虐に対処する。日本軍は、汀泱洲《ていしょうしゅう》で湖の出口を封鎖して逃げ出せないようにしたあと、「船民」と難民を付近の洲に集める。そして、十数人ごとにまとめて縄で縛り、縄の一端を汽船に結び、湖の奥に向けて汽船を走らせる。縄に縛られた人々は湖水に引きずりこまれ溺死させられた。

また、水郷に浮かぶ船に対し、五月九日から一一日まで三日間にわたり日本軍の飛行機が広範囲に焼夷弾を投下したので、太白洲から嚴《げん》家《か》港《こう》の辺りまでの一五キロくらいの範囲で三〇〇〇隻の船が焼かれ、五八〇〇人余の「船民」と難民が虐殺された。そして、船体と帆柱の残骸が川面一面に漂う。

女性に対する暴行・強姦は日本軍と不可分の蛮行の一つであり、子どもからお年寄りまで女性であれば誰であれ被害を免れることはできず、強姦されたあとはほとんどが殺害される。

ある六〇名余の難民の一団は、日本軍に囲まれ捕まえられたあと、まず男性が殺害され、あとに残された二〇名余の女性は民家に閉じ込められ強姦される。そのあと民家に火が放たれ、強姦された女性は生きたまま焼き殺された。また、ある一八歳の女性は、強姦されたあと陰部に酒の瓶を刺し込まれ殺害された。ある女性は、その父と兄が女性との性交を強要され、さらに、その場に親族が立ち会わされ笑うことを強要される。笑うことができない親類は日本兵に刺し殺された。

このような蛮行が限りなく繰り返され、廠窖における大虐殺事件の間に日本兵に強姦された女性は二〇〇〇名以上になると推定されている。

ここまでに示したような惨劇が廠窖のあらゆるところで数えきれないほど引き起こされ、廠窖惨案の犠牲者は三万人を超える。その内訳は、中国軍敗残兵五〇〇〇人、地元住民七〇〇〇人、近郊住民六〇〇〇人、他地域からの避難民一万二〇〇〇人である。そして、新春村・先鋒村・華中村など数カ所に、「千人坑」と呼ばれる人捨て場が残された。その他に、負傷者三〇〇〇人余、焼失家屋三〇〇〇間（部屋）余、焼失船艇二五〇〇隻余、暴行された女性二〇〇〇人以上などの被害があることも忘れることはできない。

日本軍は、厰窖惨案も含めて江南殲滅作戦を完了させたあと、一九四三年一一月初旬から常徳殲滅作戦を展開していくことになる。

さて、日本軍による厰窖惨案から三五年後の一九七八年に、新春村の幸存者である全伯安さんは、付近の野菜畑にある「千人坑」を村の人たちと一緒に発掘し調査を行なった。その調査で一メートルほど土を掘ると遺骨が見つかり、その遺骨から下の一メートルから二メートルの深さのところまでは、ほとんどが遺骨で埋め尽くされていた。新春村では、「千人坑」以外にも、周辺の畑や溝の傍らに犠牲者の遺骨がたくさん残されていた。

厰窖惨案幸存者の証言

厰窖惨案遇難同胞記念館の展示を確認したあと、午後一時一五分から記念館一階の会議室で四名の幸存者から証言を聞く。

ところで、どの事件でも同様だが、幸存者が証言するとき、自身が被害を受ける瞬間の、自身の目が届く範囲のことをいきなり話し始めることが一般に多いことはやむをえない。そのため、証言を聞く側は、全体像が分からないまま個々の場面の情況も理解できないことが多々ある。しかし今回は、記念館の若い女性職員である黄啓林さんが幸存者の隣に座り、幸存者の話に適宜説明を加えながら、また幸存者に助言しながら証言を進めてくれるので、話を理解しやすくて有難い。

通訳をしてくれるのは李衛雄さんで、幸存者が地元の生活語（方言）で話すことを、地名などの固有名詞などにも悪戦苦闘しながらていねいに対応してくれる。

張春秀《ちょうしゅんしゅう》さんの廠窖惨案

廠窖で最初に話してくれる張春秀《ちょうしゅんしゅう》さんは九二歳になる女性で、記念館職員の黄啓林さんと通訳の李衛雄さんの間に座り次のように証言する。

一九四三年の廠窖惨案のとき張春秀さんは一九歳で、甸安湖《でんあんこ》というところに住んでいた。日本兵が来ることは分かっていたので、日本兵に強姦されないよう、女性は顔に炭を塗り汚くして女性だと分からないようにしていた。父は、もしみんな死んでしまうのなら、家族でばらばらにならず、ひとかたまりになって皆いっしょに死のうと言っていた。

惨案の日は、田植えをしている時に日本兵がやってきた。張春秀さんの家に日本兵が来たとき、父は、釣った魚をカゴ一杯に入れて、そのカゴを担いで船の方まで運んでいるところだったので逃げ遅れてしまい、日本兵に捕まってしまう。

張春秀さんと弟は寝台の下に隠れた。隠れている寝台の下から、日本兵が中国人を殺害しているところがあちこちに見える。兵士であろうが農民であろうが中国人なら誰であっても日本兵はすぐに殺してしまう。日本兵は怖くて怖くて……、本当に怖かった。想像できないくらい大勢の中国人を殺した。

家の付近から日本兵がいなくなったあと、張春秀さんは弟と一緒に逃げ出すが、途中で弟が泣きだし本当に大変だった。

張春秀さんと彭奇さん
張春秀さん（右）が自身の体験を証言する。隣で聞いているのは彭奇さん。

日本兵に捕まった父は長い棒でたたかれたが命はとりとめ、気の毒に思った中国人が父を家まで連れ帰ってくれたので父は生きのびることができた。しかし、父を家に担ぎ込んでくれた人は、そのあと日本兵に殺されてしまう。

甸安湖《でんあんこ》にやってきた日本兵は、中国人を見つけると誰であれすぐに殺害した。さらに、日本軍機による爆撃が加わり、甸安湖は死体でいっぱいになる。本当に大勢の地元の中国人住民が日本兵に殺されてしまった。惨案のあと父は病気になった。

彭奇《ほうき》さんの廠窖惨案

張春秀さんに続いて話してくれる彭奇《ほうき》さんは八七歳になる男性で、次のように証言する。

岳陽から出航した日本軍の艦船は、一九四三年五月九日に洞庭湖の南地域に侵入し、その付近の河口のところなど各地に攻め込んできた。

湖北省から退避してきていた中国人の船は、日本軍の艦船に行く手をはばまれ自由に航行することができなくなり、大きい船も小さい船も全部がいろんな水路を通って廠窖付近に避難してくる。その結果、廠窖付近に退避してきた大小の船が、一六里（八キロ）の範囲の川沿いにびっしりと連らなり待機している状況になる。そして、船に乗って避難してきた人たちは岸に上がり、近くの家屋や庭に身を寄せる。

日本軍の艦船はレンシンコというところに着岸し、そこから上陸して六里（三キロ）にわたり兵を進め、中国人を見つけると誰であれその場で殺してしまう。その後から進軍してくる日本兵は、六里にわたり家屋に火を放ち全てを焼いてしまう。

日本兵を見て逃げ出した地元の住民らのうち一〇〇〇人くらいが捕まり、堤防の上に並んで座らされ、そのまま機関銃で射殺された。ブショウキュウや甸安湖《でんあんこ》まで逃れてきた人々は、その先に逃げることはもうできないので、一部の人たちは大きなハスの葉の下に隠れた。しかし日本兵は、ハスの葉の下に隠れている中国人を見つけ機関銃で射殺する。これを話しだすと本当に涙がでてきて泣きだしてしまうと、彭奇さんは証言しながらタメ息をつく。

ショウカダイという家には十数名の女性が隠れていた。その家の中へ日本兵が押し入り、十数名の女性全員を強姦する。そのあと更に恐ろしいことに、十数名の女性を家の中に閉じ込めたまま家に火を放ち燃やしてしまった。

ある所に隠れていた四十数名の地元の住民は、首をヒモで縛られて一列に並べられ、ヒモの端は日本の艦船に結ばれる。その艦船が川の中に向けて動くと、四十数名の住民は船に引かれて川に引きずり込まれ溺死させられた。こういう非常に残忍なやり方で中国人を殺害するのは、今の平和な時代ではとても考えれないことであり、非常に恐ろしかった。怖くて怖くてしかたがなかった。

五月一〇日には、飛行機から投下された爆弾で、この辺りに退避していた木造の船が全て破壊され、船の破片が水面に浮いていた。非常に凄惨な情景だ。

五月一一日になると、日本兵は各地に散らばり、国民党軍兵士の生き残りを探して回る。彭奇さんはまだ一三歳の少年なのに、国民党軍の兵士ではないかと疑われ、日本兵の前に座らされ詰問される。そのときは、頭に帽子の跡がないか、足にゲートル（巻きゲートル）を巻いた跡がないかなどと調べられた。

近くの集落に住んでいる住民は、仕事や役目は何かと問われ紡績業だと答える。それを日本軍の通訳が間違え師団長だと誤解したため、日本兵によりすぐに八つ裂きにされ殺されてしまった。

地元のある住民のところにやってきた日本兵は、言葉が通じないので指で輪の形を作り、何かが欲しいという仕草をする。その住民は、日本兵が卵を欲しがっているのだと思い卵を差し出したが殺されてしまう。日本兵はお金が欲しかったのでないかと思われるが、言葉が通じないのでこういう悲劇も起きる。

一二日の朝になると、日本兵は一人もいなくなる。日本軍がどこへ行ってしまったのか全く分からないのだが、とにかく日本兵は突然姿を消した。そういう情況の中で、父親が子どもを探して歩き回る、妻が夫と子どもを探して泣きながら歩く、子どもが母を探して泣く。そういう姿が数えきれないほど繰り返されるのが一二日だ。それは、とても悲しい情景だった。

郭鹿萍《かくろくへい》さんの廠窖惨案

三番目に話してくれる郭鹿萍《かくろくへい》さんは九一歳になる男性で、次のように証言する。

一九四三年五月の七日か八日に、カヨウやナンテンなどこの辺り一帯を日本軍が包囲し、逃げ出せなかった国民党軍の兵士や地元の農民ら全ての人たちが廠窖に閉じ込められるという状況におちいる。そのため、廠窖にある小学校などに山ほどの人々が避難してきた。

日本軍による大虐殺は五月九日から始まるのだが、そのとき、郭鹿萍さんと父は、リさんという親戚の家にいた。リさんの家には、二〇名ほどの男性と十数名の女性と子どもたちを合わせて六〇名くらいが避難してきて身を寄せていた。

五月九日の朝九時くらいに一三名の日本兵がリさんの家にやって来た。馬に乗っている指揮官は軍刀を手に持っている。日本兵は、リさんの家の中にいる人たちを屋外に出させるが、郭鹿萍さんは寝台の下の暗い所に隠れ、いろんなゴミを身体の上に被せたので日本兵に見つからなかった。家の外に出された村民らの身に何が起きているのか郭鹿萍さんには分からないが、日本兵の声が外から聞こえるので、何かが起きているのだと思った。

村民らが連れ出されたあとの家の中はとても静かで、家が焼かれないかと心配になった郭鹿萍さんは、寝台の陰から頭だけ出して様子をうかがっていた。そのとき、扉を開けて家の中を捜しに来た二人の日本兵に見つかり、郭鹿萍さんは長い棒で額を打たれ、めまいがして倒れる。その時の傷の跡は郭鹿萍さんの額に今

郭鹿萍さん

郭鹿萍さん（中央）の身体には16くらいの傷跡が今でも残っている。左は黄啓林さん。右は李衛雄さん。

も残っている。

階段を下ろされ家の外に連れ出された郭鹿萍さんは、家の外で既に縛られている三十数名の男性といっしょに縛られる。そして、馬に乗っている指揮官の指示で三十数名は三組に分けられ、殺害場所として日本兵があらかじめ定めているらしい別々の所にそれぞれの組が連行される。

郭鹿萍さんが縛られている組は小学校に連行され、壁の前に一列に並ばされる。そして、二人の日本兵が周囲を警戒する中で、別の二人の日本兵が、縛られている村民らを列の先頭から順に銃剣で殺害し始める。一人目はソウブンカイという大工だが、銃剣で刺されるとき、「日本兵は銃を持って中国人を殺している」と大声で叫んだ。

そのあと順々に五人目と六人目までの中国人が刺され、七人目くらいに並ばされていた郭鹿萍さんは、縛られたまま心臓の脇を銃剣で刺され銃剣が身体を貫通するなど何回も何回も刺され気を失なう。郭鹿萍さんの身体には一六くらいの傷跡が今でも残っているが、銃剣で刺されるときの情況を説明しながら服をたくしあげ、胸や腹に残っている傷跡を私たちに見せてくれる。

さて、郭鹿萍さんは日本兵に銃剣で何回も刺され酷い傷を負わされたが、いずれも致命的な傷ではないことが幸いした。午後五時くらいになると郭鹿萍さんの意識が戻り、周囲は血まみれの死体でいっぱいだが、自身は死んでいないことが分かる。そこで、安全で適当なところを探して休憩しようと思うが、身体に力が入らず、目もかすんでよく見えない。そのあと、縛られていたヒモを外したのだろうが、どうやってヒモをほどいて外したのか郭鹿萍さんは憶えていない。

意識が戻っても身体に力が入らず、郭鹿萍さんは立ち上がることがなかなかできなかったが、しばらくすると体力が少しだけ回復し、なんとか立ち上がることができた。そこで、エンドウ豆の畑に移動し、畑の中に寝て身体を休める。少し落ち着いたあと周囲を見ると死体が散乱している。それで、二人の死体の間に入り込み横になる。そのとき、また、身体に力が全く入らなくなり、このまま死ぬのだろうと郭鹿萍さんは覚悟した。

夜中に雨が降ってきて郭鹿萍さんはまた目を覚ます。そのとき、血の赤色で空も赤く染められているように感じる。南西の方には、日本軍の探照灯が点滅しているのが見えた。そして、身体を動かすことができないまま郭鹿萍さんは死体の間にうまく隠れ二日が過ぎる。

負傷してから三日目になる日のあるとき人の話し声が聞こえてきたので、日本兵がやってくると郭鹿萍さんは非常に緊張する。しかし、話し声をよく聞いていると、日本兵の声ではなく、避難先から帰ってくる中国人の声であることが分かる。それで、助けてもらおうと、その人たちに聞こえるように横になったまま声をかけた。

そのときの郭鹿萍さんは身体中が血まみれなので、声を出しているのは人間なのか幽霊なのか分からないような状況だ。傍らを通りかかる人たちは郭鹿萍さんの姿を見て本当に怖くなり、すぐには助けに来てくれなかった。しかし、大胆で勇気のある人がエンドウ豆の畑に分け入り郭鹿萍さんを見て、郭家の一七歳の息子だとちゃんと分かってくれた。その人は、親戚関係にあるヨウロウさんという未婚の人で、すぐに郭鹿萍さんを背負いヨウロウさんの家に連れ帰ってくれた。

ヨウロウさんの家で郭鹿萍さんは漢方薬の薬液で傷を洗ってもらい、薬草を飲ませてもらう。そして、一五日間くらい治療を受けると徐々に傷は治ってくる。

厰窖大虐殺に遭遇し、救出されて治療を受け、今までこうして生きているのは非常に幸運なことだ。今日、皆さん（私たち訪中団）に会って話を聞いてもらい、とても嬉しく思う。日本に帰ったら、厰窖惨案の惨状を日本国民に知らせてほしい。世界が平和であることと戦争がないことを今は本当に心から願っている。こう話して郭鹿萍さんは証言を終える。

全伯安《ぜんはくあん》さんの厰窖惨案

最後に四番目で話してくれる全伯安《ぜんはくあん》さんは九一歳になる男性で、次のように証言する。

厰窖鎮の大虐殺は、戦場における軍隊同士の戦闘による殺傷行為ではない。武器を持つ軍隊が無辜の一般の庶民や農民を殺傷する理不尽な虐殺だ。八〇歳や九〇歳以上の老人も、一歳や二歳の幼児も、女性も殺害された。

全伯安さん

全伯安さん（白い帽子の人）は、惨劇を再発させてはならないと訴える。

五〇〇〇人の国民党軍兵士が厰窖に逃げ込み軍服を脱ぎ捨て、武器と共に軍に関わる全ての物を川の中に投げ込んだので、一般の庶民と兵士の区別がつかなくなった。それに対し日本軍は、三光政策という皆殺し作戦を実行した。

虐殺された人は合わせて三万人以上になる。銃で撃ったり、銃剣で刺したり、水の中に押し込めたり、空から爆撃したり、およそ六種類の殺人手段を用い、日本軍は三日間で三万人を虐殺した。平均すると一日に一万人を殺害したことになる。

さらに、負傷者も三〇〇〇名になる。そのうち二人は今も健在であり、そのうちの一人が郭鹿萍さんだ。もう一人は今は自宅にいる。また、二〇〇〇名の女性が強姦され、そのうち九一名は殺害された。家屋は三〇〇〇間（部屋）が焼かれたが、厰窖地区にあった家屋の三〇パーセントが焼失したことになる。さらに、二五〇〇隻の船が焼かれてしまった。

武漢から飛んできた日本軍の飛行機は、二五里（一二・五キロ）の範囲を何度も往復しながら上空から爆弾を落とした。爆撃のあと、船の残骸や犠牲者の遺体が川面に山のように浮かび漂う。その惨状を見た農民らは、そこを「血水河」と名付けた。その他の惨案の地も、千人坑・万骨帯・血水帯などと名付けられた。

日本に帰ったら、皆さん（私たち訪中団）は廠窖惨案の事実を伝えてほしい。私たち（全伯安さんら廠窖の人たち）は平和をとても愛しており、このような歴史的惨劇を再発させないことを心から願っている。日本の兵士も多くが戦死したと思うが、戦争は双方にとって良くないことだ。こう話して全伯安さんは証言を終える。

午後二時四〇分ころに、廠窖惨案の幸存者から証言を聞く会を終了する。通訳の時間を含めて全体で一時間半程度の短い時間であり、証言内容に対し詳しく質問したり確認することはできなかったが、貴重な証言を大切にしていきたい。

証言を聞く会を終えたあと、幸存者と記念館の職員らにお土産を渡したり記念写真を写したりして御礼の気持ちを伝え、午後三時に廠窖の皆さんと別れ記念館を出発する。

荊州

午後三時に湖南省の廠窖を出発した私たちの訪中団は、貸切の大型バスで湖北省の荊州に向かい、出発から四時間以上を経たあとの午後七時二〇分に、荊州市内にある宿舎のホテルに到着する。そして、ホテル内の食堂で大きな丸い食卓を囲み訪中団としての夕食が始まる。

さて、宿舎のホテルのすぐ近くに長江大学があり、学内の様子をのぞいてみようと、夕食を済ませたあとの午後八時半過ぎに一人で散歩に出る。長江大学の正門の前の通りには、屋台や露店も含め飲食店がずらりと並び、学生が多いのだと思うが人通りは相当に多い。長江大学の構内に入ると、バスケットボールのコートが二〇面くらい設営されていて、大勢の学生が遊びとしてのゲームを楽しんでいる。夜も遅いのだと思うが、大学の構内にもけっこう多くの人通りがある。学生たちの夜はこれからのようだ。

長江大学とは反対の方向に延びる路地に入るとそこは旅館街で、日本のビジネスホテルに相当するような小規模な旅館がずらりと並んでいる。その路地の先で交差する商店街は昼間の町のようで、ほとんどの商店は既に閉店していて飲食店も少ない。別の路地に入ると、そこは夜の九時を過ぎても人通りの多いにぎやかな街で、衣料品店や飲食店など派手で明るくにぎわしい店がずらりと並んでいる。荊州の夜はこれからという感じだ。

ところで、荊州は、中国後漢末期の将軍・関羽のゆかりの地で、三国志にまつわる史跡や観光名所が数多く存在している。その一つであり、私たちが宿泊しているホテルから歩いて五分ほどのところにある関羽の巨大な像を、荊州に入った翌日の早朝に見に行く。

それで、巨大と一言で簡単に表現するものの、この関羽像は、高さ五八メートル・重さ一三〇〇トン以上もある世界最大の関羽像であり、右手に持つ青龍刀の長さは七〇メートルにもなる。遠くからながめても近くに来て見上げても、とにかくデカイ！　ものすごい迫力だ。

中国の芸術家・韓美林がデザインしたこの関羽像はこの年（二〇一六年）の六月に完成し、この関羽像が設置されている関公義園は、総工費一五億元（約二四〇億円）をかけて造られ六月一七日に開園したばかりの真新しい公園だ。しかし、開園したとは言っても、あちこちでたくさんの工事や整備が進行中の、まだまだ未完で「成長中」の公園だ。三国志が好きな人には、新しい観光名所として垂涎の的ということにいずれなるのだろう。

第五章　武漢

長江流域訪問第五日目の一〇月二二日は、荊州から武漢に移動し中山艦博物館を見学したあと、武漢市街にある受降堂と日本軍慰安所街を訪ねる予定だ。

私たちの訪中団は荊州のホテルを午前八時に出発し、すぐに高速道路に入り、サービスエリアで二回休憩しながら高速道路を走り続け武漢に入る。そして、午前一一時二〇分過ぎに中山艦博物館に到着する。

中山艦博物館

中山艦博物館公園は、武漢市江夏区金口街の長江沿いに開設されている。公園の総面積は三一ヘクタールで、そのうち一〇ヘクタールを池が占めている。公園の中に開設されている中山艦博物館の建築面積は一万一〇〇〇平方メートルで、孫文（孫中山）の名を冠する軍艦・中山艦が館内に保存され公開されている。

中山艦のもともとの名称は永豊艦であり、清朝時代の一九一〇年に日本の三菱重工に発注され、辛亥革命を経て中華民国の成立を孫文が宣言した一九一二年に三菱重工長崎造船所で完成し進水した。そして、一九

中山艦
武漢会戦で爆撃を受け長江に沈没したが、1997年に引き揚げられ修復された。

一三年に永豊艦は中国海軍の配下に入り、一九二二年六月には孫文が永豊艦を指揮し陳炯明の反乱を平定している。

一九二五年に孫文が死去すると、孫文を記念するため、それまで永豊艦と命名されていた軍艦の名称が中山艦に改められる。その後、一九三八年の武漢会戦に参戦した中山艦は、同年一〇月二四日に日本軍と戦闘中に日本軍飛行機の爆撃を受け、長江の金口水域に沈没した。

それ以来、中山艦は長江に沈んだままになっていたが、一九九七年に武漢市政府が水中から引き揚げ、二〇〇一年に船体の修復も完了する。その後は長江沿いに係留されていたが、二〇〇八年五月に中山艦博物館の艦船陳列棟に収蔵され現在に至っている。

中山艦博物館は武漢の重要な観光地の一つになっていて、この日もたくさんの観光客が訪れている。その大勢の観光客の中に混ざって私たちの訪中団も博物館を見学する。相当に大きな軍艦である中山艦が巨大な艦船陳列棟の中にすっぽりと収容されている様子はさすがにすごいものだと思う。艦船陳列棟以外にもたくさんある展示室には、当時の写真や図表や中山艦に関わる遺品などが数多く展示されていて、その中に、孫文を紹介する展示も数多く含まれている。

見学を終えたあと、一二時四〇分ころに中山艦博物館を出発し、長江を臨む河岸にある食堂にほんの二分くらいで移動する。地元の一般の人々が利用する庶民的な食堂で、プラスチックの容器に盛られた料理と、プラスチックの湯呑に注がれたお茶が出されるが、料理の味はなかなか旨い。

武漢受降堂

中山艦博物館が開設されている長江沿いの金口街から武漢の中心街までは三〇キロくらいの距離があり、移動に一時間ほどかかるとのことだ。昼食を済ませた訪中団は、金口街にある食堂を午後一時四〇分ころに出発し、途中で、全長二八四七メートルの軍山長江大橋を渡り武漢の市街地に向かう。

武漢は、地理的に見て中国の中央部にある街であり、北京の中央政府が武漢の重要性を認識し優遇措置を講じているので開発の速度が速い。現在は地下鉄が既に四本開通していて、さらに二〇本の地下鉄工事を同時に進めているとのことだ。そんな状況なので、武漢の市街地に入ると自動車がメチャメチャに多く、道路を埋める車列はノロノロとしか動かない。

午後二時四〇分ころに武漢の中山公園に到着する。豊かな樹林に囲まれるとても広い静かな落ち着いた公園で、その中央に、孫文と宋慶齢の二人が並んで立っている巨大な像が設置されている。

武漢受降堂
日本軍第六方面軍の投降を受理する受降式が1945年9月18日に行なわれた。

武漢受降堂の室内
受降式で中日双方が着席した机と椅子が復元されている。

その広大な武漢の中山公園の一角に、ひっそりと息をひそめるように武漢の受降堂がたたずんでいる。正面の間口の幅が約三〇メートル、奥行きは一〇メートルほどで、広さが約三五〇平方メートルの白い壁のこじんまりした建屋だ。武漢は、中国全土に一五カ所ある受降地の一つであり（注A）、武漢受降堂は、中国人民が勝ち取った抗日戦争勝利という歴史の舞台となる史跡の一つである。

（注A）中国各地に進駐している日本軍の各部隊の降伏を受理したところ。日本が無条件降伏を受諾したあと、中国各地にある一五カ所の受降地で、それぞれの地域ごとに受降式が行なわれた。

受降式が行なわれた建屋（受降堂）の中に入ると、当時の写真や解説のパネルや遺品などがびっしりと展示されている。また、武漢の受降式では、大きな机をはさんで中国側代表団と日本側代表団が着席し一連の手続きが進められたが、式典の場面となった机と椅子が復元されている。

受降堂内に展示されている解説や、李秉剛さんから受けた説明などを基に、武漢の受降堂についてここで簡単にまとめておこう。

武漢の中山公園内の一画にある武漢受降堂の建物は、もともとは、清朝末期の湖北と湖南の総督である張元洞を祭るために建てられた社（やしろ）であり、張公祠《ちょうこうし》（張公のほこら）と呼ばれてきた。その張公祠で、一九四五年九月一八日午後三時に、中国第六戦区司令官・孫蔚《そんい》将軍が、日本軍第六方面軍司令官・岡部道三郎が率いる二一万人の華中地区侵略日本軍の投降を受理した。そのため、張公祠はのちに受降堂と呼ばれることになる。

さて、武漢の中山公園の開設七〇周年を記念するため、中山公園を閉鎖し大規模な改修工事が行なわれている最中の一九九八年に、敷地内にある張公祠（受降堂）の地下室で石碑が発見される。その石碑には、中国第六戦区司令官・孫蔚将軍が揮毫した、日本軍の投降を受理する武漢受降式の史実を伝える碑文が刻まれていた。

発見されたその石碑が、武漢における抗日戦争の受降に関わる極めて重要な遺品（文物）であることが判明すると、当時の武漢市長は、歴史上の重要な文物としてその石碑を大切に保管し、受降式が挙行された張公祠（受降堂）を昔（当時）の姿のままに修復することを決める。

そして、「歴史尊重、当時のままに復元」という原則に従い張公祠（受降堂）は修復され、当時の写真を基に受降式の会場が建屋内に復元されると共に、一九九八年に発見された石碑が受降堂の第一の文物として部屋の中央に保管された。また、受降堂の建屋の傍らに、新しく造られた高さ二メートルほどの受降記念碑が設置された。こうして、武漢中山公園の開設七〇周年を記念する改修事業の一環として修復された張公祠は二〇〇〇年九月一八日に受降堂として公開されることになる。

その後、抗日戦争勝利七〇周年（二〇一五年）を迎えたあと武漢の中山公園は一旦閉鎖され、再び改修が行なわれる。その際に受降堂も再修復が行なわれている。そして、この年（二〇一六年）の七月に中山公園は再び開放され、受降堂の公開も再開された。

再修復された受降堂には、受降式典会場の復元展示と孫蔚将軍揮毫の石碑と共に、初めて公開される二〇点余を含む二〇〇点余の歴史写真など三〇〇点近い図表と四〇点余の文物（実物以外に複製品も含む）が展示されている。その中で、日本軍国主義が一五年にわたり中国で犯した滔天の罪行と、中国人民が抗日民族統一戦線を結成して日本軍国主義を打ち負かしたことが、湖北武漢の郷土の抗戦史に焦点を当て武漢の闘いを強調しながら紹介されている。さらに、日本の天皇が降伏を宣言したあと、南京など一五カ所の受降地で、それぞれの地域に進駐していた日本軍部隊の投降を受理し、中国の人民大衆が抗日戦争勝利を祝う当時の情景も紹介している。

武漢での受降に関わる展示を見て回ったあと、受降堂の建屋を出て、建屋の脇に二〇〇〇年に建立された石造りの大きな受降記念碑を確認する。そして、午後三時四〇分に中山公園を出発し、武漢市街に残されている日本軍慰安所街に向かう。

武漢積慶里《せきけいり》日本軍慰安所街

武漢の中山公園を午後三時四〇分に出発した訪中団は、武漢の市街地にある積慶里《せきけいり》に現存している日本軍慰安所街に向かう。中山公園と積慶里はそれほど離れてはいないが、武漢市内の道路は相当に混雑していて、積慶里がある中山通り（中山大道）に二〇分余かかって到着する。

武漢の繁華街である中山通りは全面的な改装工事が進行中で、いたるところが掘り返され、レンガ材など建築資材が通りに沿ってずらりと並んでいる。車道を狭くして両側の歩道を広げるということなので、歩行者優先の商店街として再開発するようだ。

中山通りの両側には、歴史を感じさせる五階建てくらいの建物など大きなビルが建ち並び、その中に、全国重点文物保護単位に指定されている武漢国民政府旧址という歴史的な建物もある。かつて国民政府が置かれたその建物は石造りの五階建てで、落ち着いた重厚な感じのものだ。

中山通り（中山大道）

武漢のにぎやかな繁華街である中山通り。手前の建物が武漢国民政府旧址。

武漢積慶里日本軍慰安所街

狭い路地の両側にレンガ造りの古い家屋がびっしりと並んでいる。

その中山通りから一筋だけ中に入ると、中山通りに面した晴れやかな明るい雰囲気の街並とはまるで異なる雑然とした感じの街に一変する。碁盤目状に縦横に延びる、人が歩くだけの幾筋もの狭い路地の両側に二階建ての古い家屋がびっしりと続き、その多くは、赤レンガを積み上げて建てられている。日本軍慰安所街にされた積慶里の古い街並がそのまま残っているのだ。

かつて、武漢積慶里の日本軍慰安所街は一万平方メートル以上の広さがあり、二〇カ所もの慰安所が集中していた。その旧慰安所街の古くからの街並が現在もほとんどそのまま残されているのだが、慰安所だったからとか古くなったからなどの理由で廃墟になっているわけではなく、現在を生きる人々が、慰安所当時の建物に少しだけ手を入れてどの家屋にも住んでいて、それぞれの人々の今の暮らしと生活が営なまれている。

そういう積慶里に、日本軍性暴力問題に関心を持つ研究者や見学者が頻繁に訪れるので、積慶里に住み暮らしている人たちはうんざりするのと同時に、そういう人たちに対する対応にも慣れているようだ。積慶里一八に住んでいる九一歳の日本軍性暴力被害者（性奴隷）の息子さんは、日本軍が来ると母は顔に泥をぬって隠れた、今はテレビ局などマスコミが頻繁に取材にやってくるなどと話してくれる。

当時、積慶里の慰安所街から少しだけ離れたところに住んでいた八二歳になる王乃玉さんは、この辺りは全てが慰安所だったと話してくれる。当時の王乃玉さんは慰安所街に立ち入ることはできないので、日本軍性暴力被害者を実際に見ることはなかったが、当時の建物が現在もそのまま残っているということだ。

歴史研究者らは、積慶里の日本軍慰安所街と建物を保全すべきだと提案し要求している。その意見を行政府側が聞き入れ、積慶里の街並が史跡として保全されることを私たちも願う。

中新社が報道する日本軍慰安所旧址

武漢の積慶里にある日本軍慰安所街は最近では相当に注目されていて、マスコミによる取材と報道も頻繁に行なわれている。ここでは、中新社が二〇一四年三月八日に配信した記事を紹介することで、簡略ではあるが、積慶里日本軍慰安所街の全体像と最近の情況のまとめということにしたい（原文は中国語、青木訳）。

中新社　武漢二〇一四年三月八日配信

武漢市繁華街にある日本軍慰安所旧址は侵略暴行の証拠　中新社　張芹記者

まだら模様の壁、扉の上にある三角形の石彫、昔ながらの鎧戸、交錯する電線……。武漢市の最もにぎやかな商店街である中山大道の中央部付近の東南側に位置する積慶里は、九〇年ほどの歴史を持つ家屋が連なる古くからの街区である。

記録によると、一九三八年に武漢が陥落したあと、ここ（積慶里）に日本軍は慰安所を七年にわたり設置し続けた。中新社の記者は連日積慶里に入り取材を続け、その埃に埋もれた歴史を探った。

現在、四〇〇戸あまりの普通の住民がこの街区に住んでいる。古くからの街並にあるそれぞれの家屋は昔ながらの様子を基本的に留めている。

六三歳の呉理華さんは、自宅の部屋の床を指さしながら、「私は積慶里に生まれ育った」と記者に告げ、「年長者の話によると、かつてここは、日本軍が設けた慰安所だった」と話す。呉理華さんが住んでいる部

武漢積慶里日本軍慰安所街
狭い路地の両側に並ぶ昔からの家屋にいろいろと手を入れ、住宅として使用されている。

屋は何度も修築されたが、建屋の昔からの板敷の床はそのまま残されている。作られた年代がずいぶん古いので、人が床を踏むといつもギシギシと音を立てる。

呉理華さんと同じように六〇年近く積慶里で生活している楊育軍さんも、「ここは日本軍慰安所旧址だ」と父の世代の人たちが話しているのを聞いたことがある。古くからの街並にある家屋の多くが二階建てのレンガ造りの建物で、日本軍が投降したあと、住みやすくするため建屋は大きく改造されている。もともと繋がっていた建屋の間はさえぎられ、一つ一つの独立した家屋に改造された。近年は、韓国や日本からの来訪者がここによくやって来て、これらの建物を写真に撮り記録していると楊育軍さんは話す。

九〇歳に近い武漢市文史館館員の徐明庭さんは、「当時の積慶里慰安所には出入口が五カ所あり、どの出入口にも日本の憲兵がいて警備していた」と話し、当時のことを次のように回想する。武漢が占領されているあいだ積慶里は日本陸軍憲兵隊に占拠されていて、中で何をしているのか普通の人には全く分からない。中国人が入れないだけでなく、武漢に住んでいる日本人や日本の海軍さえ自由に出入りすることができなかった。日本が投降したあと、大勢の「慰安婦」（日本軍性暴力被害者）が中から逃げ出してきたので、中で何がなされていたのか人々はようやく理解した。

武漢在住で抗日戦争史の専門家である湖北大学教授の田《でん》子《し》渝《ゆ》先生は、二〇〇五年から二〇〇六年にかけて何回も台湾に行き、武漢に関する歴史史料を収集していた。そして、田子渝先生があるとき台湾を訪れた際に、かつて積慶里で日本軍が慰安所を設けたことを明確に証明する史料を偶然に手に入れることになる。

台湾の「国史館」で田子渝先生の注意を引き付けたのは、抗日戦争時のいくつかの档案だ。ある文献資料には、「武漢を占領したあと、軍隊の慰安所を開設する者には進出を制限しない」と書かれているだけでなく、「一九三八年一一月二五日より慰安所を開設した」と明確に記録されていた。「慰安所の設置は日本政府と軍隊の支持を得たものだとこれで十分に証明でき、その真実性に疑いをはさむ余地はない」（と田子渝先生は断言する）。

武漢に帰ったあと田子渝先生は、日本にいる友人に、日本軍が当時武漢で慰安所を設けたことを示す史料の収集を依頼した。そして、『武漢兵站』と『漢口の慰安所』という二冊の本を手に入れる。その二冊の本は、日本軍武漢兵站の当時の副官であった山田清吉と、漢口兵站司令部の軍医大尉であった長沢健一がそれぞれ書いたものであり、本の中に、漢口の積慶里慰安所を設置した経緯を詳しく記録し、位置図や配置図とともに当時の写真なども掲載しているので、日本軍が武漢で慰安所を設置したことの重要な証拠になる。

それらの記述によると、一九三八年一〇月二五日から二七日までに漢口と武昌と漢陽を日本軍は相次いで占領し、積慶里や聯保里《れんほり》や糧道街などに六〇カ所近くの慰安所を次々に設置した。そのうち積慶里の規模が最も大きく、全部で約二八〇人の「慰安婦」（日本軍性暴力被害者）がいた。

武漢市文史館館長の呉勝家は、「積慶里のように集中して今でも完全に保存されている慰安所旧址は、世界的に見ても希である。積慶里は、中国を侵略した日本軍が武漢で慰安所を設置したことを示す動かぬ証拠であり、現有史料に基づけば、現在の積慶里は、世界で唯一の完全に保存された日本軍慰安所旧址である」と断言する。

武漢市は専門家を組織し、二〇〇八年六月から二〇一四年一月にかけて積慶里日本軍慰安所旧址へ何度も調査に行かせた。その調査の中で、この特殊な歴史に対し、積慶里に関する記録や研究資料があまりにも少ないことにそれぞれの専門家が気づく。そして、積慶里が商業開発の浸食を受けるのを防ぐため、できる限り早く慰安所旧址を保護すべきだと専門家たちは何度も呼びかけ、国の恥を忘れてはならないと後代の人々に警告している。

積慶里日本軍慰安所の背後の物語…

現在の積慶里地区は南洋ビルのすぐ隣に位置し、旧来からの朽ち果てた古い居住区ときらびやかな商店街は際立った対照を見せている。このような賑やかな商店街にある江漢路によく遊びに来る人でも、この地のことを知っているようには見えない。ここは積慶里であり、一九三八年から一九四五年にかけて日本軍が漢口で慰安所を設けた現場である。しかし、案内看板すらも無いので、かつてここが日本軍の慰安所であったことをほとんどの人は知らない。

史料によれば、日本軍は、一九三八年から一九四五年まで漢口を占領している間に六〇余の慰安所を相次いで武漢に設置した。そのうち規模が最も大きいところが積慶里である。積慶里には、朝鮮が経営する慰安所が九カ所あり、日本が経営する慰安所も一一カ所あった。その中に、日本人と朝鮮人の「慰安婦」(日本軍性暴力被害者)が合わせて二八〇人もいた。

停電

積慶里日本軍慰安所街を確認したあと、武漢市内の食堂で夕食を済ませ、午後七時半ころに武漢市武昌区にある宿舎のホテルに入る。ガイドの李衛雄さんは武漢在住の地元の人で、私たちの訪中団に同行してくれるのはこの日までになり、翌日からは張剣さんが一人で案内してくれることになる。

ホテルの受付で宿泊手続きと訪中団の簡単な打合せを済ませ、李衛雄さんに御礼を言って別れ、午後八時すぎに部屋に入る。すると、一息つく間も全くないまま突然電燈が消え、部屋の中が完全な暗闇になる。それで、全くの手探りで出入口にたどり着き部屋のとびらを開けると、廊下と階段は非常灯が点灯していて、薄暗いながらも状況は分かる。

しかし、二〇分ほど待っても停電が続き、部屋にいても何もできないので散歩に出ることにする。エレベーターは動かないので、非常灯が点灯しているとはいえかなり薄暗い階段を一〇階くらいから一階まで歩いて降りる。

ホテルの外に出ると、ホテルがある街区全体が停電していることが分かる。営業中のさまざまな商店や飲食店などはローソクや懐中電灯で灯りを確保しているが、店の中にいる客は所在無さげであきらめ顔のようだ。しかし、それはそれで面白いので、灯りが消えた街の中をしばらくブラブラと散策し、帰りがけに便利屋でビールを買う。

結局、午後一二時を過ぎても停電が続き、何もできないまま寝る。幸いなことに翌朝は、目が覚める頃には停電は解消していて支障はなかった。

第六章　淮南《わいなん》

長江流域訪問第六日目の一〇月二三日は、湖北省の武漢から安徽省の合肥を経由して淮南《わいなん》に移動し、淮南炭鉱大通万人坑を訪ねる予定だ。私たちの訪中団は宿舎のホテルを早目に出発し、時間に余裕を持って武漢駅に到着し、午前八時三〇分に武漢駅を発車する高速鉄道に乗車する。

現在の中国の高速鉄道は日本の新幹線と同程度に快適だ。客室乗務員の対応も愛想がよい。私たちが乗車した列車は静かになめらかに超高速の走行を続け、時刻表どおり一〇時四四分に合肥に到着する。合肥は、傘がないと困るくらいの強い雨が降っている。

合肥駅の構内にある駐車場で貸切の大型バスに乗車し、合肥から一二〇キロくらい北方に位置する淮南に向かう。そして、淮南市街に入ったところで食堂に入って昼食をとり、合肥駅を出てから約四時間後の午後二時四〇分ころに安徽省愛国主義教育基地・淮南大通万人坑教育館に到着する。淮南も雨が降っているので、戸外を歩くのに傘が必要だ。

淮南大通万人坑教育館

淮南大通万人坑教育館の敷地の南側にある正面入口の門は幅が二〇メートルほどあるが、この日は車止めの柵が閉じている。その広い門の端にある事務所の脇を通る狭い通路から教育館に入場する。教育館では解説員の曹楠楠《そうなんなん》さんが迎えてくれるが、今年（二〇一六年）大通教育館を訪れる日本人は私たちの訪中団が初めてとのことだ。

教育館の構内に入ると、五〇メートル四方くらいの広い庭園がある。数メートル以上の背丈がある数多くの樹木と、きれいに剪定してある背の低い樹木と、雨でしっとりと濡れる緑の芝生に覆われる美しい庭園だ。中庭となるこの庭園を取り囲むように建物などの施設が「コ」の字型に配置されているが、南側にある正面の門から見て左（西）側と右（東）側に並ぶ建屋は、それぞれ、一階建ての小さい建物を何棟かつなげ全体としては細長い造りになる構造で、教育館の開設当初からの建物などを一列につなげているようだ。

正面の北側の奥にある建造物は一見体育館のように見えるが、実際は、三階建ての建物と同じくらいの高さがある大きな壁であり、その正面に巨大な白い文字で「歴史を記憶し平和を愛する」と記されている。その大きな壁の前に、「全国重点文物保護単位／（大きな文字で）万人坑／中華人民共和国国務院二〇一三年五月三日公布」と刻まれる石碑が設置されていて、その文字が赤く塗られている。

庭園の中央には、正門から正面奥の大きな壁までまっすぐに延びる石畳の歩道が設けられていて、その歩道の真ん中あたりに記念碑が建立されている。その記念碑の正面に「歴史を忘れることは裏切ることを意味

淮南大通万人坑教育館

左側の展示棟と奥の「壁」に囲まれる教育館の庭園（中庭）。庭園の真ん中あたりに記念碑が設置されている。

する」と大きな文字で刻まれ、こちらも文字が赤く塗られている。

それで、左側の平屋の細長い構造の建屋は全体が一つの展示室になっている。また、右側の平屋の建物は左側の建屋と同じような造りになっていて、奥側の半分が展示室として、手前側の半分は事務室として利用されている。一方、正面の大きな壁の背後には万人坑を保存する施設が造られていて、その地下に入ると万人坑発掘現場を確認できるとのことだ。

私たちは、左側の建屋の手前側にある入口から展示室に入る。展示室には、写真や図表や遺物や模型などがびっしりと並んでいて、それらを指さしながら解説員の曹楠楠《そうなんなん》さんがいろいろと説明してくれる。李秉剛さんは淮南大通教育館に一二年前（二〇〇四年）に調査に来たことがあるが、その頃の教育館は現在のものから比べるとずいぶんと簡素な施設で、展示も小規模だったとのことだ。

淮南《わいなん》炭鉱の強制労働と万人坑

淮南大通万人坑教育館の展示資料を見ながら解説員の曹楠楠《そうなんなん》さんから受けた説明と、李秉剛さんの著書『万人坑を知る』(注12)と、現地で李秉剛さんから聞いた補足説明などを基に、淮南炭鉱の強制労働と万人坑に関わる史実をここでまとめておこう。

(一) 日本に占領される前の淮南炭鉱

安徽省内の一地方都市である淮南は、華東(華中)の内陸部を流れる淮河《わいが》沿いにある町で、南京からは百数十キロほど西方に位置している。淮南は、豊富な石炭資源が域内に埋蔵されているうえに南京や上海に近く交通が便利なので、戦略的価値が高い地域であるようだ。

淮南鉱区における石炭採掘の歴史はかなり古く、清朝末期には既に採炭が始まっていて、昔ながらのやり方で石炭の採掘が続けられてきた。その淮南に、一九〇九年に民営の大通石炭会社(大通煤鉱公司)が設立され、一九一二年には最初の近代的炭鉱が開設される。この頃の淮南鉱区の産炭量は年間一・四万トンくらいである。

それからおよそ二〇年後の一九二九年九月に華商大通炭鉱株式会社(華商大通煤鉱股份《グーフェン》有限公司)が設立され、続けて一九三〇年三月二七日に、九龍崗に淮南炭鉱局(淮南煤鉱局)を設置することを国民政府建設委員会が承認し、官営の淮南炭鉱が設立される。これにより淮南鉱区には、民営の華商大通炭鉱(大通)

と官営の淮南炭鉱（九龍崗）の両者が開設されることになり、淮南鉱区における石炭の生産規模は拡大する。さらに、一九三六年には鉄道局が設立される。そのあと、淮南炭鉱局が鉄道局の基盤を改編し、淮南鉱路株式会社（淮南鉱路股份《グーフェン》有限公司）を設立する。この頃には、華商大通炭鉱株式会社（大通）と官営の淮南炭鉱（九龍崗）を合わせた淮南鉱区の年間産炭量は一〇〇万トンを超える。

（二）日本軍による淮南占領

盧溝橋事件を口実にして一九三七年七月に中国全土に対する侵略を開始した日本は、同年一二月に首都・南京を陥落させたあと、津浦鉄道沿いに北進する。そして、一九三八年二月五日に日本軍高橋師団堤固連隊が上窑《じょうよう》を占領し、淮南鉱区中国守備軍と対峙する。

淮南鉱区中国守備軍は、一九三八年の二月初めから始まる淮南鉱区防衛戦を勇敢に闘い、千名近くの日本兵を死傷させ、四カ月もの長期にわたり日本軍の進撃を阻止する。しかし、淮河北岸沿いに西進してきた日本軍により六月三日に風台県城がついに陥落させられ、六月四日には田家庵・大通・九龍崗も陥落する。淮南鉱区の産炭量が年間一〇〇万トンを超え順調に発展している正にそのとき、淮南はこうして日本に占領され、日本の統治下に置かれることになる。

一九三八年六月に淮南を占領した日本軍は、兵を分散して淮南鉱区の各地に部隊を配置し、上窑・洛河・大通・九龍崗・田家庵に駐屯する。さらに日本軍は、淮南鉱区の石炭資源を略奪し人民の反抗を鎮圧するため、南公司と大兵営の一平方キロに満たない区域内に一三座のトーチカを構築するなど淮南鉱区内外に合わせて三〇余座のトーチカを構築し、歩哨所を緻密に配置する。また、監獄や水牢や刑場も設置する。

一方、淮南を統治する日本の淮南駐在領事署は、主要な治安組織として警備司令部・憲兵隊・警備隊・鉱山警察隊をその配下に配置する。そのうち、警備司令部を九龍崗に設置し、憲兵隊・警備隊・鉱山警察隊は大通と田家庵に駐留させる。その時点で、鉱山警察隊だけでも一五〇人余の要員が配備された。

日本の憲兵隊や警備隊は迫撃砲や機関銃などの強力な武器も備え、実弾を込めた銃を担ぎ、銃剣を手に持ち、シェパード犬を連れて鉱工の行動を日常的に監視し、思うがままに一日中横暴にふるまう。日本の統治下におかれた淮南はこうして「人間地獄」にされてゆく。

（三）日本企業による淮南炭鉱強奪と鉱工の強制連行

日本が淮南を占領した一九三八年六月から三カ月後の一九三八年九月に、華商大通炭鉱株式会社が運営してきた大通炭鉱は日本の三菱飯家炭鉱の経営に変わり、淮南炭鉱局が運営してきた九龍崗炭鉱は日本の三菱鉱業の経営に変わる。

さらに、一九三九年四月一九日に、日本興亜院華中連絡部と日偽政権（日本が支配する傀儡政権）は、大通炭鉱と九龍崗炭鉱の資産を現物出資し日華合弁淮南炭鉱株式会社を設立する。新会社は、名義上は日華合弁だが、実際は日本が全てを完全に支配している。そして、新会社の本部は上海に設置され、淮南には淮南鉱業所を設置して川口忠が所長に就任し、大通鉱は井上誠、九龍崗鉱は藤義魂らの日本人が管理者となる。

さて、日本政府の『帝国資源圏をいかに使用すべきか』は、中国で一五年以内に二億トンの石炭を採掘することを定めている。日本政府が定めるこの方針の下で日華合弁淮南炭鉱株式会社は、経済略奪を推進する道具としての役割を果たすことになり、日本人が編集した『淮南炭鉱案内』には次のように記載されている。

「会社の使命は、皇軍の庇護のもと、国際情勢の急変への対処を準備しながら一切の努力を尽くし、年間産炭量二〇〇万トン達成の五カ年計画を完遂し、東亜新秩序建設に貢献することである」。

年間産炭量二〇〇万トン達成という会社の使命に基づき淮南鉱業所所長の川口忠は「増産五カ年計画」を制定し、年間産炭量を、一九三九年の二一・五万トンから一九四六年（一九四四年？）には二三二・五万トンに引き上げることを決定する。

この野心的計画を達成するため、日華合弁淮南炭鉱は、良質の石炭層で採掘しやすいところだけを選んで採炭を進める。さらに、「人を石炭に換える」という犯罪的手段を採用することにちゅうちょせず、蒸気動力式の巻き上げ機を増やす以外は採鉱設備の増強も採鉱技術を高めることもほとんどしないまま、労工（鉱工）人数の増員と労工一人当たりの労働強度を上げることで採炭量を増加させるやり方を強行する。

そのため、日華合弁淮南炭鉱は、労工募集要領を定める文書に次のように記している。「軍用石炭需要の激増に伴い、労工募集を強化し労工補充を順調に進めることを、我が社の存続と発展のために急務とする」。日華合弁淮南炭鉱のこの経営方針に従いほしいままに労工を集めるため、他の炭鉱などと同様に、農民らをだまして募集する、それぞれの地域の行政区毎に強制的に徴用を割り当てる、問答無用で農民らを捕まえ強制連行するなどの手段を日本の侵略者は強行する。

たとえば、一九三八年に花園口で黄河の堤防が決壊したため山東省や河南省などで水害が発生し、大勢の被災者が出ていた。日本の侵略者はこの機会を利用し、被災した各地へ労工募集隊を大量に派遣する。そして、「毎月賃金をもらえる。白い御飯を毎日食べれる」などと嘘を言い、多数の被災農民らをだまして募集し炭鉱などに連れてきた。把頭《パートウ》（注13）（注A）の趙鳳祥は、三〇〇人余の農民らを一人でだまし、山東省の棗庄から淮南に連れてきた。

（注A）把頭。バートウ。現在の日本でいうと、人材派遣会社の社長と作業場の現場監督を兼ねるような人物。

偽政権（日本が実質的に支配している傀儡政権）は淮南周辺で、保・甲[注B]を単位に強制的に労役を割り当てる徴用という方式で「農民愛鉱隊」を編成し、六カ月毎に無償で炭鉱で作業をさせた。「農民愛鉱隊」には身体の屈強な青壮年が多く選ばれるが、たとえば、定淮特別専署は一九四〇年の一年間で二〇〇〇人の農民らを労工として派遣している。

（注B）保・甲。ほ・こう。一〇戸を一甲、一〇甲を一保とする戸籍の編成単位。

一九四一年の春に華北と華中で日本は、大規模な「治安強化」運動と「清郷」運動を強行し、故郷を追われ住む所もなく流浪する大量の難民を作り出す。そうしておいて、安価な労働力を求める日本の侵略者が難民らをだまして「労工募集」を強行した。

アメリカやイギリスに宣戦布告し一九四一年一二月にアジア太平洋戦争を始め戦線を無謀に拡大した日本は資源も労働力も大幅に不足することになり、中国の占領地区での略奪を一層強める。日本の侵略者は、支配下においた中国各地の町や村で無辜の農民らを有無を言わさず捕まえ、犯罪者にでっちあげた一般の人々や八路軍・新四軍の捕虜とともに炭鉱などに強制連行した。

日華合弁淮南炭鉱株式会社が「増産五カ年計画」を達成するため、だまして「募集」したり、割り当てにより徴用したり、農民らの強制連行や捕虜の徴用により各地から淮南炭鉱に集めた労工の人数は、一九四一年三月から一九四四年六月までの限られた期間だけで集計しても七万〇六七一人になる。不完全な統計しかないので詳細は不明だが、この限られた期間の前後にも、大規模な労工の徴用は当然行なわれている。

(四) 淮南炭鉱の奴隷労働と恐怖支配

石炭を最大限に略奪するため、日華合弁淮南炭鉱株式会社による鉱工に対する統制は厳格に実施される。日本人の手中に統制権を全て掌握し、労務係や領事署などの管理機構を設置するなど多様な形式で多層に重なる支配体制を構築し鉱区の統制を強化した。

高圧の電気が流れる鉄条網を鉱区に張りめぐらし、鉱工が鉱区に出入りするには入鉱所・札交付所・身体検査所などを通らねばならず管理は非常に厳格で、炭坑を離れる自由は鉱工にはない。

石炭の生産を管理する労務係は特務活動も併せて行ない、何かというと鉱工を拘禁し、ムチで打ったり銃剣で脅迫し、時には殺害に至ることもある。このような労務係を鉱工は虎のように恐れ、「老虎係」と呼んだ。

鉱工は、強度の高い採炭作業を毎日一二時間から一六時間も強制されるが、採炭設備は貧弱で作業は極めて原始的だ。かさばって重い旧式のツルハシを振るい、灯油の明かりを頼りに石炭を掘り、大きなカゴを背負って石炭を運び、人力の手押し車に石炭を載せて坑道を進む。そのうえ、安全対策は全くなされず、坑内に水が噴出し、あちこちで火災が発生し、落盤やガス爆発などの事故が頻繁に起きる。

こうして鉱工は厳しい理不尽な労働を強制され、漢奸(注A)に成り下がった把頭と日本人監督による残忍な迫害と無慈悲な搾取を受け続け、奴隷のように苦しい生活を強いられる。

（注A）漢奸《かんかん》。中国人民を裏切り日本にすり寄った中国人の売国奴。中国では最大限にさげすまれている。

鉱工が少しでも反抗したり逃亡したりすると、日本人監督と中国人把頭は鉱工を監禁し、残忍な手段を用いて迫害する。警備隊の尋問室などでいつも用いられる拷問や刑罰は、電気ショック、刃物で刺す、火で焼く、生き埋め、皮膚をはがす、シェパードに咬ませる、唐辛子水を鼻や口に注ぐ、釘の寝台に寝かせる、老虎椅子に座らせる、首つりなどである。拷問の末に殺害されてしまうことも少なくない。

日本人監督と把頭の鉱工に対する残忍な振る舞いと搾取は鉱工の義憤と反抗精神を引き起こし、鉱工は、いろいろなやり方を工夫し勇敢で頑強な闘争を進めた。第一は「仕事をさぼる」であり、日本人監督や把頭が監視できないところで鉱工は仕事をさぼり、作業に出てものろのろと消極的になまけながら働き力を出さない。

第二はストライキである。大通鉱二号井（坑）で働かされていた二〇名余の鉱工は、日本人監督の親玉である島村が行なう虐待を我慢することができず、一九四〇年の春にストライキを強行し三日間坑内に入らなかった。すると、島村は更迭され、ストライキ闘争は勝利した。

第三は、日本人監督と把頭らを懲らしめることである。ある時は、鉱工は組織を整え周到に計画を立て、夜間に日本人監督の行く手を遮り思い切り殴り殺す。ある時は、坑内でわざと把頭を怒らせ、それを利用して日本人監督に把頭を叱責させるようにした。

さらに、炭鉱から脱走して抗日組織に加わる者もいる。たとえば、一九四三年に一〇〇名余の鉱工が、日本の侵略者の封鎖を突破して脱走し、新四軍に加わった。また、一九四四年の春に抗日武装組織は、九龍崗南山の日本軍トーチカを爆破して日本兵数名を殺害し、日本軍の倉庫を焼き払い、西門衛兵所を破壊した。

（五）白骨累々の万人坑

日華合弁淮南炭鉱株式会社と日本軍による野蛮で残忍で血なまぐさいファッショ統治は、淮南炭鉱を、鉱工を威圧し迫害する強制収容所に変貌させた。鉱工は、日本人監督と中国人把頭の監視の下で非人間的生活を強いられ、過重な労働、貧弱な食事、頻発する事故、暴力による迫害などにより多数が命を奪われる。

例えば、ある日、一人の鉱工が薬莢《やっきょう》を拾うのを見た日本人監督は、「炭鉱の中に共産党の破壊活動組織がある」と言いだし、坑道の中で発破作業をしていた二七人の鉱工を理由も聞かずに捕まえ、麻袋に入れ、淮河に投げ込んで殺害した。

一九四一年の冬に日本軍は、閻希洞・謝興才ら二六〇名余の鉱工を逮捕し、麻袋に入れて銃剣で突き刺して殺害し、死体を淮河に投げ入れた。

一九四二年秋から一九四三年春にかけて伝染病が蔓延すると、石炭の採掘に悪影響を与えないようにするため、アシで編んだムシロをぶら下げて囲うだけの「大病棟」二棟を日華合弁会社は大通鉱南に設営する。そして、病気にかかって衰弱し身体が不自由になった百人にも千人にもなる鉱工を「大病棟」に押し込めた。

名称は「大病棟」だが、実情は、働けなくなった鉱工を監禁するための収容所であり、周囲四方を電気が流れる鉄条網で囲み、出入口には歩哨所を設置した。いったん収容された鉱工は「大病棟」から外に出ることはできず、鉱工はそこを「隔離所」と呼んだ。

日本の侵略者は、「大病棟」で苦しむ鉱工の治療を何もしないだけでなく、食事も十分に与えず、親戚の見舞いも許さないでそのまま放置し、鉱工の死期を早めた。「隔離所に入れば、十人のうち九人は死ぬ。『大病棟』というが、実態は死体置き場だ」と鉱工は話す。そう鉱工が話す通りに「大病棟」で多数の鉱工が死亡する。一日で二一人が死んだこともある。

鉱山の「福祉院」の扉の前に、毎朝ムシロが三メートルの高さに積まれる。鉱工が死亡するとムシロで巻いて人捨て場に運ばれるのだが、朝のうちはたくさん積んであるムシロも午後になるとなくなってしまい、死体はそのまま人捨て場に運ばれる。

日本の侵略者は鉱工に命じて死体運搬係を作り、死体をカゴに入れて担ぎ、ロープで巻いて引きずり、牛車に載せて運び、南山の麓や道端などいたるところに死体を投げ捨てた。山の麓や鉱区のあちこちに死体が埋葬されないまま放置され、小さい橋の下に死体が詰まり流れがさえぎられたこともある。

一九四三年の春に日本の侵略者は鉱工に命じ、大通炭鉱の南にある舜耕山の麓に、縦二〇メートル・横三メートル・深さ三メートルの大きな溝（穴）を三カ所掘らせ、周辺に散らばっている死体や遺骨をその三条の溝（穴）に埋めた。そのとき、まだ息のある鉱工も死体といっしょに溝（穴）に埋められた。（注―埋められた遺体の数は、溝一条あたり二〇〇〇体ほどだと思われる。溝は三条あるので、埋められた遺体の数は合わせて六〇〇〇体くらいになる。）

一九四三年の春に大通鉱井下西四石門でガス噴出が発生すると、土砂を積み上げ壁を築き坑口を封鎖するよう日本人監督が鉱工に命じ、一六〇名余の鉱工を生きたままむざむざと坑道内で窒息死させた。

当時の大まかな記録によると、このような悲惨な事例が山のように繰り返された一九四三年の一年間だけで一万三〇〇〇人の鉱工が淮南炭鉱で死亡している。

このように非人間的で残虐な事例が、日本の侵略者が淮南炭鉱を支配している七年間に数えきれないほど繰り返された。その結果、過労・飢え・病気・凍傷・事故・虐待などが原因となり淮南炭鉱で非業の死を強いられた鉱工は数万人にもなり、犠牲者の遺体は炭鉱周辺の山野に無造作に捨てられた。こうして、淮南鉱区の各地に、一九四三年の春に遺体が集中的に埋められた舜耕山の麓など、主要なものだけでも数カ所の白骨累々の万人坑が残された。

（六）日本降伏と解放後の淮南炭鉱万人坑

一九四五年八月一五日に、無条件降伏を受け入れることを日本は表明し、日本の対中国侵略戦争はアジア太平洋戦争と共に終焉をむかえる。そして、一五年にわたり抗日戦争を闘いぬき日本に勝利した中国と、反ファシズム戦争を共に闘った中国の同盟国は、日本政府が降伏文書に調印する降伏受理式を九月二日に挙行する。

これを受け、中国第一〇戦区では、安徽地区に進駐している四万名余の日本軍の降伏（投降）を受け入れる受降式（降伏受理式）を、淮南の近くに位置する蚌埠《ベンブー》で九月二四日に挙行する。

日本の降伏を受け、日華合弁淮南炭鉱株式会社と淮南鉄道は国民政府の担当者により九月二九日に接収される。それから三カ月後の一九四五年末に、民営の大通鉱と官営の九龍崗鉱が合併して淮南鉱路株式会社（淮南鉱路股份有限公司）が復興し、新会社の本部は上海に設置される。

さて、日本による対中国侵略戦争に勝利し、国共内戦を経て一九四九年に新中国を樹立したあとも、朝鮮戦争に出兵するなど容易でない時代が中国でしばらく続く。

その後、中国全体に少しだけ余裕ができる一九六〇年代の後半になってから、大通など淮南の各地に残された万人坑を淮南市が発掘し調査する。そして、大通万人坑の現地に一九六八年に大通万人坑教育館を開設し、万人坑発掘現場と史料展示施設を公開する。一九七〇年代には、全国の小学校国語教科書と中学校英語教科書の教材に大通万人坑が採用され、中国全土に大きな影響を与えた。

大通万人坑が抗日戦争の貴重な史跡であることが認識されると、中国を侵略した日本軍の淮南罪証遺跡である大通万人坑・秘密水牢・トーチカ水牢・窑神廟《ようしんびょう》・駅后トーチカの五カ所が安徽省人民政府により安徽省文物保護単位として一九八六年に公布される。一九九五年には、中国共産党安徽省委員会と安徽省人民政府により大通万人坑教育館が安徽省愛国主義教育基地として指定される。

二〇一三年には、大通万人坑・秘密水牢・トーチカ水牢・窑神廟・駅后トーチカに、九龍崗に現存している日本軍司令部・日本軍南宿舎トーチカ・日本軍弾薬庫・日本軍半地下式トーチカを加えた九カ所の日本軍の淮南罪証遺跡が国務院により全国重点文物保護単位として公布される。

さらに、大通万人坑教育館は、二〇一四年九月に国務院により第一群国家級抗戦記念施設遺跡として公布された。このように評価されている大通万人坑教育館が、一九六八年の開館以来受け入れた国内外の観覧者は一二〇〇万人余に達する。

淮南大通万人坑発掘現場

大通万人坑教育館の左（西）側にある建屋の手前の入口から展示室に入った私たちは、細長い室内に展示されている写真や解説のパネルや遺品などを見ながら解説員の曹楠楠さんから説明を受け、左側の展示室の奥の端まで進む。
すると、参観通路は右に曲がり、教育館正面の奥にある大きな壁の背後に造られている新しい施設に入る。そして、その新しい施設の手前側にある階段を下《くだ》り地下に降りると、そこに長い廊下がまっすぐに延びていて、その廊下の片側に面して、三カ所の万人坑発掘現場のそれぞれを保存する三つの部屋が少しずつ間隔をあけて並んでいる。

一九六〇年代後半に実施された淮南炭鉱万人坑の調査では、かなり広い範囲が発掘され詳しく調査された。そして、ひととおりの調査を終えたあと、遺骨を保護するため、発掘された現場はほとんどが埋め戻された。そのため、万人坑と犠牲者の遺骨を発掘された状態で直接確認できるところは、現在は、地下の廊下に面しているこの三カ所の発掘現場だけだ。

三カ所の万人坑発掘現場の広さは、それぞれ、廊下に面する側の幅が五メートル、奥行（長さ）は二〇メートルで、深さは三メートルある。その万人坑発掘現場を保存する密閉された三つの部屋のそれぞれを、地下の廊下からガラス窓越しに見ることができる。そして、ガラス窓越しに見えるのは、それぞれの発掘現場に文字通り山積みになっているおびただしい数の犠牲者の遺骨だ。遺骨は元の人の形体を留めておらず、バラバラになり山積みになっている。淮南炭鉱の石炭採掘で強制労働させられ死亡した中国人労工の遺骨だ。（注―埋められた遺体の数は、一カ所あたり二〇〇〇体ほどだと思われる。三カ所を合わせると、埋められた遺体の数は六〇〇〇体くらいになる。）

この大量の遺骨の前で私たちは犠牲者追悼式を行なうことにする。万人坑発掘現場と私たちを隔てるガラス窓の前に、これまでと同様に花束と書（色紙）を供え、犠牲者を追悼し二度と侵略しないことを誓う言葉

万人坑発掘現場の前の廊下

祈りを捧げる訪中団員の前に２番目の発掘現場、その奥に１番目の発掘現場、手前側に３番目の発掘現場がある。

廊下から窓越しに見える万人坑発掘現場

ガラス窓の向こう側は２番目の発掘現場。ここで犠牲者追悼式を行なう。

１番目の万人坑発掘現場

部屋の広さは幅５メートル、奥行 20 メートル。万人坑は３メートルの深さまで掘られている。

２番目の万人坑発掘現場

1943 年の春、周辺に放置され散らばっている大量の死体や遺骨を集め、この溝（穴）に埋めた。

2番目の万人坑発掘現場（拡大）

3カ所の万人坑発掘現場のそれぞれに2000体ほどの遺体が埋められたと思われる。

3番目の万人坑発掘現場

遺骨は元の人の形体を留めておらず、バラバラの状態で山積みになっている。

を野津加代子さんが読み上げ、訪中団が全員で黙とうする。

ところで、李秉剛さんが二〇〇四年に淮南に調査に来たとき、現在公開されている三カ所の万人坑発掘現場のうち確認できるのは一カ所だけだった。当時は、その一カ所だけが埋め戻されずに残されていて、溝（穴）の上にかぶせられたガラス窓越しに犠牲者の遺骨を確認することができたとのことだ。その時は、発掘現場を保存している現在の新しい施設はまだ存在しておらず、建設する予定だけがあった。

犠牲者追悼式をすませたあと、地下の長い廊下を先に進み、廊下の端にある階段から一階に上がる。そして、順路に沿って右に曲がると、正門から見て右（東）側になる展示棟に入り、写真や解説のパネルなどの展示が続く。展示棟の最後の部屋に掲示されている「結びの言葉」は次のように記されている。

「日本軍国主義が引き起こした中国侵略は中国人民に深刻な災禍を与えた。淮南大通万人坑は、中国を侵略する日本が犯した滔天の罪行の証拠である。

歴史を忘れてはならない。私たち（中国人民）が立ち遅れていたため打ちのめされた屈辱の歴史をしっかりと記憶し、強くなるため私たちを奮い立たせ、小康社会を全面的に実現させる奮闘目標を達成し、人民の豊かな生活と国の富強と民族の振興を必ず実現しよう。

私たちは歴史をしっかりと記憶し、平和を一層大切にしよう。平和と発展の旗印を高く掲げ、人類の平和と発展を促進するためになすべき貢献をなしとげよう」。

秘密水牢と駅后トーチカ

大通万人坑教育館の万人坑発掘現場と展示棟の確認を終え、教育館の南側にある正門から外に出ると、秘密水牢と呼ばれる地下水牢を備えている建屋がすぐ目の前に見える。一九三九年の春に建てられた切妻造りの瓦ぶきの建物で、入口が二つある正面の間口の幅が二〇メートルほど、奥行が一〇メートルほどの大きさがあり、壁はレンガと漆喰で造られている。

建物の外観からは分からないが、その内部は、地上と地下の二つの部分に分かれている。地上部分は普通の事務室を装っているが内実は尋問室であり、その地下に水牢が設置されている。中国人抗日志士を日本軍が尋問し拘禁するため使われた施設だ。

解放後に、秘密水牢が設置されている地下部分が発見され、手枷や足枷とともに多くの遺骨が水牢の中からすくい出された。この秘密水牢は、淮南の日本罪証遺跡の一つとして二〇一三年に国務院により全国重点文物保護単位として公布されている。

さて、秘密水牢の一階部分に入ると、建屋内には間仕切りなどはなく、三角状の屋根と四方の壁で囲まれる一つの空間になっていて、写真や解説のパネルが壁面に掲示されている。床面には、地下水牢への通路として、一メートル四方くらいの四角い穴が垂直に設置され、上り下りのための階段として、「コ」の字状の金具の取っ手が垂直の穴の壁面に等間隔で取り付けられている。

当時は机の下に隠されていた、地下水牢への通路となる垂直の穴を上から覗くと、かなり深い位置に底が

秘密水牢
この建物の地下にある水牢に多数の中国人が拘禁され命を奪われた。

見えるようだが、見学者が地下水牢に降りることはできない。水牢の大きさは、縦三・五メートル、横二・五メートル、深さ三・二メートルとのことだ。

かつて、この地下水牢に多数の中国人が拘禁され命を奪われた。さらに、この秘密水牢を造るとき、淮南から少し離れた蚌埠《ベンプー》で日本軍が嘘でだまして職人を募集し、一八人の左官屋を淮南に連れてきた。そして、秘密水牢の工事が完成すると一八人の左官屋はその水牢に入れられ、その数日後に麻袋に入れて淮河に投げ込まれ無残に殺害されている。

私たちは今回は確認していないが、トーチカ水牢と呼ばれる別の秘密水牢が、大通鉱の南に位置する現在の大通第一小学校の校庭の北西側にある。一九三九年の冬に砂と石とセメントで建造されたトーチカ水牢の地上部分は、平らな頂面を持つ直径七・三メートルの円筒形の形状だ。その内部は上下三層に分かれ、トーチカ上部の周囲の四方に射撃口が設けられている。そして、直径七メートル・深さ二・二メートルの水牢が地下に設置されている。日本軍は、中国人抗日志士を拘禁し鉱工の反抗を鎮圧する軍事拠点としてトーチカ水牢を利用した。こちらも、

駅后トーチカ

淮南に建造された 36 基のトーチカの一つ。高さは 14.1 メートル。

二〇一三年に国務院により全国重点文物保護単位として公布されている。

大通万人坑教育館の正門の南側にある秘密水牢を確認したあと、午後五時にバスに乗り教育館を出発する。そして五分くらいで、原大通沿いの、かつての鉄道駅に近い辺りにある駅后トーチカに着く。

大きな通りの脇にそびえたつ駅后トーチカは、上部が少し細く下部が太い円筒形の構造で、高さは一四・一メートルあり、レンガとセメントで造られている。外観からは三層構造に見え、各層に銃口が設けられている。年代を感じさせるくすんだ黄土色の駅后トーチカの傍らに真新しい黒色の石碑が設置されているが、その石碑に刻まれる「站后碉堡（駅后トーチカ）」の四文字は赤く塗られていてよく目立つ。

一九三九年に建造されたこの駅后トーチカは、鉱区（炭鉱施設）と鎮区（居住区）の鉱工と一般住民を支配する重要軍事拠点として大通地区とその周辺に日本軍が建造した三六基のトーチカの一つであり、駅后トーチカも二〇一三年に国務院により全国重点文物保護単位として公布されている。

駅后トーチカを確認したあと、淮南市街にある宿舎のホテルに三〇分ほどで移動し、この日の訪中団としての予定を終える。

第七章　南京

南京大虐殺と歴史改竄主義者の妄言

南京は南京大虐殺事件の舞台であり、南京大虐殺は、日本による中国侵略の中でも最も有名な加害事件の一つである。そして、首相の安倍晋三をはじめとする日本の歴史改竄《かいざん》主義者（注A）たちが歴史から消し去りたいと願い画策する最重要史実の一つでもある。

（注A）首相の安倍晋三らを「歴史修正主義者」と表現する人が少なくないが、そこで用いている「修正」というのは明白な虚偽なので、歴史改竄主義者という表現に（正しい意味で）修正すべきだ。

それで、「高貴」「高尚」であるべきはずの日本人が、南京大虐殺のような残虐・非道な事件を引き起こしたことを認めたくない歴史改竄主義者たちは、虐殺を否定する妄言を膨大にまき散らしたが、彼らがまき散らした妄言は、相手にするのもバカバカしい低劣で愚劣なものばかりだ。

しかし、日本の社会への悪影響を考えると放置しておくことはできないので、多くの研究者や専門家や市民が、彼らの妄言の全てがデタラメであることを証明する膨大な研究成果を公表している。その膨大で真摯な研究成果により歴史改竄主義者らの妄言は完全に否定された。日本が南京大虐殺を引き起こしたことは、学問的にも社会的にも決着済の歴史事実である。そして、多くの研究者や専門家や市民が残した成果は、容易に入手できる一般書籍としても膨大な数が出版されているので、南京大虐殺のことは今では誰でも簡単に知ることができる。

そういうことなので、本稿に第七章として「南京」の章を設けているが、長江流域を訪ねる今回の旅の最後の二日間を過ごした南京で私たちの訪中団が見聞したことを、今さら私が詳しく紹介する必要はほとんどないだろう。それで、今回の南京訪問については、南京大虐殺の幸存者から直接聞いた証言以外は簡単な紹介にとどめておくことにする。南京大虐殺について詳しく知りたいという読者がおられれば、既に膨大に出版されている書籍などを参照していただくということにしたい。本稿末尾の「注記」にも、参考になる書籍を何冊か紹介している（注14）～（注36）ので、それらを参照していただければと思う。

南京散策

さて、重慶を起点にして長江を順々に下ってきた私たちの訪中団は、訪中第七日目の一〇月二四日の午前中に約三時間かけて淮南から南京に移動し、午前一一時半過ぎに、南京における最初の訪問地である挹江門《ゆうこうもん》に到着する。

そのあと昼食をはさみ、午後は、中山埠頭・煤炭港《ばいたんこう》・草鞋峡《そうあいきょう》・東郊叢葬地《とうこうそうそうち》・中華門を訪ねる。夜は、南京大虐殺遇難同胞記念館の招待による夕食会が開催され、記念館と訪中団の親交を深める。

長江流域訪問第八日目の一〇月二五日は終日南京に滞在し、南京大虐殺遇難同胞記念館・南京利済巷《りさいこう》慰安所旧址陳列館・ラーベ記念館・南京師範大学金陵女子文理大学旧址・太平門を訪ねる。そのうち南京大虐殺遇難同胞記念館では、幸存者の馬継武さんから証言を聞くことができた。馬継武さんの証言は次項で詳細に紹介する。

それで、一〇月二五日は、今回の訪中で実質的に最後の日になるので、李秉剛さんへの御礼とお別れの会として、南京市街の太平門に近いところにある食堂で、夕食を兼ねる少々豪華な宴席を設ける。そして、長江流域をめぐる今回の旅や、この先のことをいろいろと語り合う。

南京大虐殺幸存者・馬継武さんの証言

南京大虐殺の史実や、犠牲者の遺体を埋葬した地など虐殺に関わる史跡や、南京大虐殺遇難同胞記念館などの展示施設の現状などは、それらを紹介する書籍などが大量に出版されるなどしているので、今ここで私が紹介する必要がないことは本章の冒頭で既に述べた。

しかし、南京大虐殺事件を経験した幸存者の多くは既に亡くなり、また、存命の数少ない幸存者も高齢になり、証言を直接聞くことが今では相当に難しくなっている。そういう情況の中で、今回は、南京大虐殺遇難同胞記念館の配慮により、幸存者の一人である馬継武さんの証言を聞くことができた。それで、ここで紹介しておきたい。

馬継武さんは一九二二年生れで数え九五歳（満九四歳）になる。息子二人と娘二人の四人の子がいて、二番目の娘さんとその弟さんに付き添われ、一〇月二五日の午前中に南京大虐殺遇難同胞記念館に来てくれた。そして、馬継武さんは次のように証言する。

一九三七年八月に日本軍の飛行機が南京に飛来し爆撃を行なった。それからは、十数機の日本軍機が繰り返し南京に飛んできて爆撃するので、危険を避けるため馬継武さんは南京を出て農村に一旦避難する。そのあとまた南京に戻り、南京城内の中心部にある金陵中学校に作られていた難民区に入る。

そのころ、南京城内に突入しようとする日本軍と中国軍が対峙し、中華門や光華門の辺りで激しい戦闘があった。特に光華門の戦闘は最も激しく、光華門にいたキョウドウ団という中国軍は全滅する。当時の中国軍の武器は貧弱で、日本軍を打ち負かすことはできなかった。

（日本軍の南京突入の直前になる）一九三七年一二月一〇日の南京は、多くのところが火災で焼失しているなど既に酷い状態になっていた。そして、日本軍が南京城内に突入する日（一二月一三日）の一日前に中国軍は抵抗をやめて南京城内から撤退を始め、下関の辺りから逃走する。しかし、負傷している兵士は城内に残された。

南京城内の金陵中学に近い中山路に面したところに映画館があったが、その映画館の横にある果物屋の中にも、たくさんの負傷した兵士が残されていた。そのうち、なんとか動ける兵士は難民区に入り、ほとんど動けない三〇人くらいの兵士は果物屋に残されたままになる。

一二月一三日に日本軍が南京城内に突入する。そのとき馬継武さんは難民区にいたので、日本軍が突入する様子は見ていない。日本軍が城内に入るとその日から虐殺が始まり、それから三日間はいたるところで残

馬継武さん

難民区に逃げ込んだ馬継武さんは、日本軍に占領された南京城内でかずかずの虐殺を目撃した。

馬継武さん

娘さんと息子さんに付き添われ馬継武さん（満94歳）が記念館に来てくれた。

忍な虐殺が絶え間なく続く。

　三〇人ほどの負傷兵が一三日の前日に果物屋に残されていたが、翌日（一四日？）馬継武さんが難民区から出てその果物屋に行ってみると、生きている兵士は一人もいなかった。果物屋に残されていた負傷兵は全員が殺害され、遺体に石灰がかけられていた。それは、とても悲惨な情景だった。

　果物屋から、もう少し南に位置するシンカイコウに行ってみると、シンカイコウの辺りでも兵士と市民がいっしょに殺されていて死体であふれている。そのとき、馬に乗っている日本兵が馬継武さんを見て「来い、来い」と言う。日本兵は髭をはやしていたが、それほど怖いとは思わず、日本兵をじっと見たまま馬継武さんは動かなかった。当時の馬さんは一五歳だが、年齢の割に背が低かった。そうすると、何も言わずに日本兵は行ってしまった。

　日本兵は難民区の中にも入ってくる。馬継武さんの母や姉ら女性は顔に炭を塗り、被り物で頭髪を覆い、布団をかぶった。しかし、日本兵は布団や被り物をはぎ取り、一人一人を確認し、二台のトラックの荷台にそれぞれ一杯に女性を乗せて連れ去った。女性は一六・一七歳くらいから四〇・五〇歳くらいで、誰もが泣いている。一週間後に女性が返されるが、トラック一台に乗れるだけの女性しか帰ってこなかった。

　日本兵が難民区にやってくる主要な目的の一つは、中国軍の敗残兵を探すことだ。そのため、中学校にあるバスケットボールのコートに男を集めて並ばせ手や頭を調べる。日焼けで顔がくろいのに頭が白いと、いつも帽子をかぶっている頭だという理屈で兵士だと疑われ縄で縛られる。あるとき、列に並べられたある若者の前で、この子は私の息子だから助けてほしいと年配の女性が日本兵に訴えると、その若者は解放され助かった。

難民区では食べるものが無いので、ある日、馬継武さんは難民区を出て、懸鄴路《けんぎょうろ》（？）にある自宅に食料を取りに行く。すると、その途中の道路は死体だらけだ。首が無い死体、切られた腹が口をあけ内臓がはみだしている死体……。その日は曇っていて、雨が少し降っていた。道路にいるのは日本人ばかりで、中国人は馬継武さん一人だけだったかもしれない。大量の死体が放置される凄惨なようすが馬継武さんの印象に強く残っている。

ケンコウロウに行く途中に、内秦淮河《うちしんわいが》に架かる段市橋（？）という名の橋がある。あるとき馬継武さんが段市橋を通りかかると、橋の上に遺体が山積みにされていた。そして、野良犬と野良猫がたくさん集まり遺体を食べている。とても恐ろしい凄惨な情景であり、馬継武さんの脳裏に深い印象が今でも残っていて忘れることはない。このような惨劇は二度と起きないようにしなければならないと馬継武さんはいつも思っている。

別のある日、馬継武さんは難民区を出て、シンカイコウよりもう少し南に位置するマツビョウロウというところにある幼稚園の前を通りかかる。そのとき日本兵は幼稚園から机や椅子を運び出していた。その周りには中国人がけっこういて、搬出の様子を見ている。その中にいる七〇歳くらいのおじいさんに、机や椅子を運ぶのを手伝うよう日本兵が命令する。それで、私は運べないとおじいさんが答えると、日本兵はおじいさんの首をすぐに切り、切り口から血が噴き出した。

さて、馬継武さんは、自身と馬継武さんの家族（親族）の体験についても次のように話してくれる。

ある日、馬継武さんが町を歩いていると、大勢の市民といっしょに馬継武さんも日本兵に捕まり縄で縛られる。そして、周恩来が南京にいたとき住んでいたバイエンシンソンの近くに連行された。そこは、「松井部隊」の兵舎があるところだ。

日本兵に捕まえられた馬継武さんは「炊事係」を命じられ、一度に三二斤《きん》（一六キロ）のコメを炊くことになる。三二斤もの大量のコメを炊くのは、まだ小さい馬継武さんには難しく、火加減《ひかげん》をうまく調整できない。ある日、コメがうまく炊けなかったので馬継武さんは立木に縛りつけられる。そこに日本兵の班長が来て、「おまえは酷いことをした」と言って皮のベルトで馬継武さんを殴った。そのとき、班長の上官が来て、「まだ子どもだ。やめろ」と言ってくれたので、その場はおさまった。

ある日、炊事用の焚き木にするため、焼けて崩れている周辺の建物の中で馬継武さんは木材を探し拾い集めていた。その作業を日本兵が監視していたが、木材を探し歩くうちに、崩れた壁に穴があるのを見つけ、馬継武さんはそこから逃げ出した。脱走は成功し、馬継武さんは日本軍から逃れることができた。

馬継武さんの母方の祖父は三人兄弟の三男で、馬継武さんの祖父の兄になる三人兄弟の長男（馬継武さんの大伯父）は、サシュウという農村に住んでいた。その大伯父には息子と娘がいたが、大学生だった息子は兵士だと見なされて日本兵に捕まえられ、立木に縛りつけられる。大伯父らは、息子は大学生であり兵士ではないと地面にしゃがみ込んで訴えたが日本兵は聞き入れず、大学生の息子は銃で撃ち殺された。

大伯父の娘は、若い女性を捕まえにくる日本兵に追われ、近所に住んでいる四〇歳の女性と二人で逃げ出す。二人は、長江沿いの砂州まで逃げるが、その先に逃れるところはなく、二人は長江に飛び込んで自殺した。大伯父は、二人きりの子である息子と娘を失くした。

戦争は本当に嫌いです。戦争は要りません。酷い歴史を忘れないで、永遠に平和な日を一日一日と過ごしましょう。このように話し、馬継武さんは証言を終える。

終章　中国人強制連行・強制労働と万人坑

「撫順の奇蹟を受け継ぐ会」(注37)〜(注39)という全国組織の市民団体の関西支部代表を務めている野津加代子さんが「万人坑を知る旅」訪中団を組織し、「満州国」として占領支配された中国東北の南部に位置する遼寧省を訪ね、生涯で初めて万人坑を現認したのは二〇〇九年のことだ。このとき初めて万人坑を確認した野津加代子さんと訪中団員は、万人坑という「人捨て場」に関わる日本の侵略犯罪の核心は、民間営利企業が主体として関わる中国人強制連行・強制労働であることを思い知らされる。

「万人坑を知る旅」訪中団は、それから二〇一二年まで毎年、合計四回にわたり東北（「満州国」）に現存している万人坑を訪ね、傀儡国家「満州国」で一六四〇万人もの中国人が強制労働させられていることを認識し、さらに、強制労働させられた被害者の死亡率が信じ難いほど高いことも確認する。(注40)(注41)同時に、中国人強制連行・強制労働と万人坑に関わる日本の侵略犯罪は、日本の傀儡国家である「満州国」内だけで強行された蛮行ではなく、日本の「敵国」として抗日戦争をまさに闘っている中国の本土（領土内）でも行なわれていたことが分かる。

そこで、二〇一三年に組織した第五回「万人坑を知る旅」訪中団は、中国本土に現存する万人坑を確認することを目的とし、万里の長城を「国境」として「満州国」の南側に隣接する華北を訪ねる。(注42) そして、日本が「戦力の培養補給」の基地と位置付けた華北に対する日本の暴虐のすさまじさを実感し、二〇〇〇万人もの中国人が華北域内で強制労働を強いられていることを確認する。(注43) さらに、その二〇〇〇万人とは別に、一〇〇〇万人が労働力として華北から東北（「満州国」）などに強制連行されていたことも分かる。(注44) つまり、強制労働に関わる華北の被害者は合わせて三〇〇〇万人にもなるのだ。(注45)

中国人強制連行・強制労働は、日本が支配する傀儡国家「満州国」内だけの問題ではなく、まさに日本と抗戦中の「敵国」である独立国・中国の領土内でも行なわれていることを明確に確認できたのが二〇一三年の「万人坑を知る旅」だ。

華北の万人坑を確認したあとは、中国南部の華南の中でも最南端に位置する海南島に現存する万人坑を二〇一四年に訪ね、華南でも中国人強制労働が膨大な規模で行なわれていることを確認した。（華南の海南島における中国人強制連行と万人坑については、本書第一部の「海南島の万人坑を訪ねる」で詳細に紹介しているので、本書の読者には既に確認いただいていると思う。）

そこまでの成果を受けて実施したのが、中国の中央部に位置する華中の長江流域を訪ねる二〇一六年の第七回「万人坑を知る旅」だ。

今回の訪中で、強制労働に関わる加害現場として私たちが訪れたのは淮南炭鉱一カ所だけだが、強制連行被害者の人数が分かっている三年四カ月という期間に限っても七万人の中国人が淮南炭鉱に強制連行されてきて、日本が淮南を支配している七年間を通して過酷な強制労働により少なくとも数万人が死亡し、大通万人坑など大規模な万人坑が何カ所も残されていることを確認した。

それで、日本国内（内地）への中国人強制連行は、加害者である三五の企業の一三五カ所の事業所を全て合わせて四万人が強制労働を強いられ七〇〇〇人が死亡したというものだが、今回の訪中で確認した淮南炭鉱という一カ所の事業所だけで日本国内全体の中国人強制連行の被害規模を上回っている。そして華中には、淮南炭鉱のような被害（加害）現場が他にもたくさんあったのだろう。淮南炭鉱という一カ所の事業所を確認するだけで、華中においても大規模な中国人強制連行・強制労働が行なわれていたことを確認できたと言ってよいのだろうと思う。

第一回から第七回までの「万人坑を知る旅」訪中団の成果により、東北（「満州国」）から華北・華中・華南に至る中国の全土で膨大な規模の中国人強制連行・強制労働が行なわれていることを、野津加代子さんと「万人坑を知る旅」訪中団は確認した。その成果に基づく私の結論は、「一五年戦争の期間中に中国本土（大陸）で強制労働させられた中国人被害者の数は四〇〇〇万人（概略）である」ということだ。四〇〇〇万人の内訳は、東北（「満州国」）で一六四〇万人、華北で二〇〇〇万人であり、華中と華南のそれぞれで最低でも一〇万人単位、おそらく一〇〇万人単位の強制労働が行なわれているということだ。

そして、専門家でも研究者でもない私が想定する、中国本土（大陸）における中国人強制労働被害者は四〇〇〇万人（概略）であるということについて、否定であれ肯定であれ、専門家や研究者から学術的・専門的に検証していただけることを期待している。素人の私が知らないだけで既に検証されているのであれば、検証結果を教授いただけると有難い。

帰国

長江流域訪問第八日目となる一〇月二五日の夜、南京市街の太平門に近いところにある食堂で李秉剛さんに感謝する宴席を設け、今回の訪中を振り返り次回への期待を語り合った。そして、この日の夜で、華中・長江流域を訪ねる二〇一六年の第七回「万人坑を知る旅」は実質的に終了することになる。

長江流域訪問第九日目となる翌日の一〇月二六日は、午前中に高速鉄道で南京から上海に移動し、午後二時すぎに上海浦東空港を飛び立つ中国南方航空機で日本の関西空港に帰るだけだ。

日本に帰ったら、今回の長江流域で見聞したことを多くの日本人に知らせるためあれこれ行動し発言したいと思う。そして、民間企業が主体となる中国人強制連行・強制労働という日本の侵略犯罪について考察を深めていきたい。

中国全土の万人坑の確認をとりあえず終えることができたので、第七回目の今回が「万人坑を知る旅」の一つの区切りになるのだと思うが、確認したいことや知らなければならないことはまだ山のようにある。それゆえ、二〇一七年以降も「万人坑を知る旅」は続くことになる。その成果をまた報告できるのを楽しみにしている。

第二部　長江流域の万人坑を訪ねる　注記

第一章

（注01）品野実著『異域の鬼――拉孟全滅への道』谷沢書房、一九八一年
（注02）遠藤美幸著『「戦場体験」を受け継ぐということ――ビルマルートの拉孟全滅戦の生存者を尋ね歩いて』高文研、二〇一四年
（注03）孫国田・孫穎著『大地作証――1931―1945日軍侵華史跡調査手記』群衆出版社（中国―北京）、二〇一〇年

第二章

（注04）笠原十九司著『日中戦争全史』上・下　高文研、二〇一七年
（注05）（注04）下巻、一四〇頁
（注06）田中宏・中山武敏・有光健・他著『未解決の戦後補償――問われる日本の過去と未来』創史社、二〇一二年、九四頁

第三章

（注07）（注04）下巻、一〇一頁
（注08）聶莉莉著『中国民衆の戦争記憶――日本軍の細菌戦による傷跡』明石書店、二〇〇六年
（注09）張礼忠編『慶祝抗日戦争勝利七十周年――鉄証如山不容抵頼』私家版、二〇一五年

第四章

（注10）李秉剛著『万人坑を知る――日本が中国を侵略した史跡』東北大学出版社（中国―瀋陽）、二〇〇五年、三三頁

（注11）たどころあきはる著『日中の民間合同調査で明らかになった戦史の空白』週刊金曜日、二〇一五年四月一〇日号、二四頁

第六章

（注12）李秉剛著『万人坑を知る――日本が中国を侵略した史跡』東北大学出版社（中国―瀋陽）、二〇〇五年、一〇八頁
（注13）王紅艶著『「満州国」労工の史的研究――華北地区からの入満労工』日本経済評論社、二〇一五年、二一三頁

第七章

（注14）南京市文史資料研究会編『証言・南京大虐殺――戦争とはなにか』青木書店、一九八四年
（注15）洞富雄著『南京大虐殺の証明』朝日新聞社、一九八六年
（注16）東史郎著『わが南京プラトーン――一召集兵の体験した南京大虐殺』青木書店、一九八七年
（注17）本多勝一著『南京への道』朝日新聞社、一九八七年
（注18）洞富雄・藤原彰・本多勝一編『南京事件を考える』大月書店、一九八七年
（注19）洞富雄・藤原彰・本多勝一編『南京大虐殺の現場へ』朝日新聞社、一九八八年
（注20）本多勝一編『裁かれた南京大虐殺』晩聲社、一九八九年
（注21）洞富雄・藤原彰・本多勝一編『南京大虐殺の研究』晩聲社、一九九二年
（注22）小野賢二・藤原彰・本多勝一編『南京大虐殺を記録した皇軍兵士たち――第十三師団山田支隊兵士の陣中日記』大月書店、一九九六年
（注23）藤原彰著『南京の日本軍』大月書店、一九九七年
（注24）ジョン＝ラーベ著『南京の真実』講談社、一九九七年

（注25）本多勝一著『本多勝一集―第二三巻―南京大虐殺』朝日新聞社、一九九七年
（注26）南京事件調査研究会編『南京大虐殺否定論13のウソ』柏書房、一九九九年
（注27）東史郎著『東史郎日記』熊本出版文化会館、二〇〇一年
（注28）東史郎さんの南京裁判を支える会編『加害と赦し――南京大虐殺と東史郎裁判』現代書館、二〇〇一年
（注29）本多勝一・渡辺春己・星徹著『南京大虐殺歴史改竄派の敗北――李秀英名誉毀損裁判から未来へ』教育史料出版会、二〇〇三年
（注30）笠原十九司著『体験者27人が語る南京事件――虐殺の「その時」とその後の人生』高文研、二〇〇六年
（注31）本多勝一著『南京大虐殺と日本の現在』金曜日、二〇〇七年
（注32）笠原十九司著『「百人斬り競争」と南京事件――史実の解明から歴史対話へ』大月書店、二〇〇八年
（注33）本多勝一・星徹・渡辺春己著『南京大虐殺と「百人斬り競争」の全貌』金曜日、二〇〇九年
（注34）張憲文主編『南京大虐殺史』南京大学出版社（中国―南京）、二〇一五年
（注35）任世淦著『山東省の元教師による日本軍兵士罪行の現場検証――「東史郎日記と私」』ノーモア南京の会、二〇一七年
（注36）笠原十九司著『増補　南京事件論争史――日本人は史実をどう認識してきたか』平凡社、二〇一八年

終章

（注37）熊谷伸一郎著『なぜ加害を語るのか――中国帰還者連絡会の戦後史』岩波書店、二〇〇五年、五八頁
（注38）青木茂著『二一世紀の中国の旅――偽満州国に日本侵略の跡を訪ねる』日本僑報社、二〇〇七年、一八四頁
（注39）青木茂著『日本の中国侵略の現場を歩く――撫順・南京・ソ満国境の旅』花伝社、二〇一五年、二八頁
（注40）青木茂著『万人坑を訪ねる――満州国の万人坑と中国人強制連行』緑風出版、二〇一三年
（注41）青木茂著『日本の中国侵略の現場を歩く――撫順・南京・ソ満国境の旅』花伝社、二〇一五年、一六五頁

（注42）青木茂著『華北の万人坑と中国人強制連行――日本の侵略加害の現場を訪ねる』花伝社、二〇一七年
（注43）笠原十九司著『日本軍の治安戦――日中戦争の実相』岩波書店、二〇一〇年、一三一頁
（注44）王紅艶著『「満州国」労工の史的研究――華北地区からの入満労工』日本経済評論社、二〇一五年、三三頁
（注45）中央档案館・中国第二歴史档案館・河北省社会科学院編『日本侵略華北罪行档案2戦犯供述』河北人民出版社（中国―石家庄）、二〇〇五年

あとがき

侵略の実態を知らない日本人

中国の華南の中でも最南端に位置する海南島と、華中を横断して流れる長江の流域を訪ねる旅はいかがでしたか？　本書で紹介しているこの二回の旅を通して、侵略者である日本が、搾取の標的とした中国で実際に行なったことの一端を確認していただけたと思います。そして、本書に示すような、日本が引き起こした侵略の残忍非道な実態を知れば、その侵略（侵略戦争）を反省し、二度と再び侵略してはならないと思うのが人として当たり前のことだと思います。

しかし、自ら引き起こした対中国侵略戦争を含む一五年戦争に負けた日本人は、戦後民主主義と称される時代を経ても、中国をはじめとするアジア各国に対する日本による侵略の実態を、つまり日本による加害の実態を総体としては知る（学ぶ）ことはなく、侵略と加害を真摯に反省することはありませんでした。

その結果、歴史改竄主義者である安倍晋三が首相として君臨する自公政権が、憲法をも無視し、再び他国を侵略する国に日本を変貌させてしまったのに、多くの日本人は安倍自公政権の暴走に異を唱えず、最悪の政権の存続を黙認・容認するという異常な事態に日本は陥ってしまっています。

ここで、念のため、日本の最近の情況について簡単に確認しておきますが、安倍晋三と自公政権は、集団的侵略権（集団的自衛権）に基づく武力行使を容認することを二〇一四年七月一日に閣議決定し、二〇一五年九月一九日未明に戦争法（安保法制法）を強行「成立」させ、アメリカの手下になって他国を侵略する「侵略国家」に日本を変貌させせました。

そして、アメリカの意のままに侵略を実行する戦力を着実に増強するため、新「防衛計画の大綱」と新「中期防衛力整備計画」を二〇一八年一二月一八日に決定しています。この新中期防により、米軍再編経費などを除く今後五年間の軍事費総額は二七・五兆円に膨れ上がり、福祉など私たちの生活と生存を犠牲にして捻出する軍事費は、Ｆ35戦闘機や陸上配備型迎撃ミサイルシステムなど超高額の（しかし欠陥だらけの）兵器をアメリカの兵器産業から購入することなどに費やされます。

韓国と朝鮮の融和が進展する世界の情勢を無視し、「朝鮮の脅威」をでたらめに吹聴し続け、世界の人々から異端視され世界の国々から孤立する安倍晋三と自公政権が強引に進める日本の軍事大国化を容認することはできません。しかし、侵略とは何か、侵略の実態はどうなのかということを総体としては知らない日本人が、安倍自公政権が進める軍事大国化・侵略国化の異常さに気づき異を唱えることは、残念ながら期待できそうもありません。

こういう情況なので、微力ながらも侵略の実態を知らせる本書は、他の膨大な同様の書籍などと併せて貴重な存在だと（僭越ながら）考えています。侵略の実態を知れば、二度と侵略してはならないと思うのは人として当たり前のことであり、そうであれば（侵略の実態を知れば）、日本を再び侵略する国に変えてしまった安倍自公政権を人々は許さないと思います。歴代政権の中でも最低・最悪の安倍自公政権を追放するため、微力でしかありませんが、私も努力を続けたいと思います。

中国本土の強制労動被害者は四〇〇〇万人

さて、本書の第二部「長江流域の万人坑を訪ねる」の終章「中国人強制連行・強制労働と万人坑」に記しているることですが、一五年戦争の期間中に中国本土（大陸）で日本により強制労働させられた中国人被害者は四〇〇〇万人（概略）にもなるというのが、「万人坑を知る旅」訪中団の一員として七回にわたり中国本土を歩き回り強制労働と万人坑の現場を確認してきた私の結論です。四〇〇〇万人の内訳は、東北（「満州国」）で一六四〇万人、華北で二〇〇〇万人であり、さらに、華中と華南のそれぞれで最低でも一〇万人単位、おそらく一〇〇万人単位の強制労働が行なわれているということです。

そして、本書のまえがきにも記していることですが、日本で話題にされる中国人強制連行・強制労働のほとんどは、日本国内（内地）に強制連行されてきた約四万人の中国人被害者のことだけであり、この日本国内への四万人という被害者数に比べ中国本土における強制労働の被害者数は桁違い（三桁違い！）に多いのに、日本で話題にされることがほとんどないのは残念なことです。

ともあれ、中国本土における強制労働被害者は四〇〇〇万人であるという私の認識について、否定であれ肯定であれ、専門家や研究者から学術的・専門的に検証していただけることを期待しています。素人の私が知らないだけで既に検証されているのであれば、検証結果を教授いただけると有難いです。

野津喜美子さんと野津久夫さん

あとは、個人的な話になり恐縮ですが、「万人坑を知る旅」訪中団が二〇一四年に訪れた海南島で犠牲者追悼の言葉を読み上げるのは野津喜美子さんです。その役目が、二〇一六年に訪ねた長江流域では野津加代子さんに代わっています。読者の中には、名前の誤記かと思われる方もおられると思いますが、誤記ではなく、本書に登場する野津さんは二人いて、喜美子さんが加代子さんのお母さん、加代子さんは喜美子さんの娘さんという関係になります。

それで、野津喜美子さんは、二〇〇九年の第一回から二〇一四年の第六回まで「万人坑を知る旅」に続けて参加され、第一回の当初から犠牲者追悼の言葉を率先して担当されています。しかし、二〇一四年の訪中のあと喜美子さんは病を患い、二〇一六年八月二日に逝去されました。そのため、二〇一六年の秋に実施した第七回「万人坑を知る旅」に喜美子さんの姿を見ることはできませんでした。その第七回から、犠牲者追悼の言葉は、娘さんである加代子さんに受け継がれ現在に至っています。

さらに、もう少し個人的な話を続けますが、野津喜美子さんの御連れ合いは野津久夫さんで、久夫さんは加代子さんのお父さんになります。

その野津久夫さんは、二〇〇九年の第一回から二〇一一年の第三回まで「万人坑を知る旅」に参加されましたが、その後、心臓の病で海外渡航が難しくなり、第四回からは欠席されています。しかし、野津久夫さんが揮毫される「不忘悲痛之事実、反省・追悼・和平」の書は、私たちが中国で実施する犠牲者追悼式の度に花束と共に供えられ、「万人坑を知る旅」訪中団は野津久夫さんの意志と願いを受け中国の各地を巡ってきました。しかし、その野津久夫さんも二〇一八年三月一八日に逝去されました。

野津久夫さんと野津喜美子さん、掛け替えのないお二人の意志を野津加代子さんと私たちが引き継ぎ、「万人坑を知る旅」は今も続いています。二〇一九年は二月に四川省と雲南省を訪ねました。その、掛け替えのないお二人に本書を捧げ、お世話になった私からのあとがきとします。

二〇一九年六月

青木　茂（あおき　しげる）
平和を考え行動する会・会員
撫順の奇蹟を受け継ぐ会・会員
日本中国友好協会・会員
長良川河口堰建設に反対する会・会員
アイヌとシサムのウコチャランケを実現させる会・会員
NPO 法人ナショナルトラスト＝チコロナイ・会員

著書
『日本軍兵士・近藤一 ——忘れえぬ戦争を生きる』風媒社、2006 年
『二一世紀の中国の旅 ——偽満州国に日本侵略の跡を訪ねる』日本僑報社、2007 年
『万人坑を訪ねる ——満州国の万人坑と中国人強制連行』緑風出版、2013 年
『日本の中国侵略の現場を歩く——撫順・南京・ソ満国境の旅』花伝社、2015 年
『華北の万人坑と中国人強制連行——日本の侵略加害の現場を訪ねる』花伝社、2017 年

華南と華中の万人坑——中国人強制連行・強制労働を知る旅

2019年8月10日　初版第1刷発行

著者 ——— 青木　茂
発行者 —— 平田　勝
発行 ——— 花伝社
発売 ——— 共栄書房
〒101-0065　東京都千代田区西神田2-5-11出版輸送ビル2F
電話　03-3263-3813
FAX　03-3239-8272
E-mail　info@kadensha.net
URL　http://www.kadensha.net
振替 ——— 00140-6-59661
装幀 ——— 佐々木正見
印刷・製本 — 中央精版印刷株式会社

ISBN978-4-7634-0897-6 C0036